霊視でわかった
神様・ご先祖様との
正しい付き合い方

高知・鴻里三寶大荒神社 代表
梨岡京美
霊能者（霊視、霊聴、九字、結界）

ごま書房新社

はじめに

いま、私は高知県安芸郡にある「鴻里三寳大荒神社《こうのさとさんぽうだいこうじんじゃ》」の代表を務めています。

ここ10年以上は、神職であると同時に、霊能者として東京・世田谷区に事務所を構え、訪れる相談者に霊視によるアドバイスをしています。

神社の代表であり霊能者である女性は、非常に少ないのではないかと思います。さらに、鴻里三寳大荒神社は社務所に阿弥陀如来《あみだにょらい》様をお祀《まつ》りしており、私は仏事のようなことも行っています。

こう書くと、なんか変わり者に思われそうですが、普段は〝ただのおばちゃん〟をしています。神事・仏事を行うときに意識を切り替えたり、皆さんから相談があったときにスイッチを入れて霊能者になるだけです。

このオンオフができなかった少女時代は、24時間ずっと〝開いて〟いるため、来るものをコントロールできず、四六時中受けっぱなしで、もう自分という存在があちらの世界に体ごと持っていかれてしまうのではないかと、毎日おののいていました。

また、自分だけではなくみんな見えていると思っていましたから、「なんで言わないの?」と不可解でした。見えているのは自分だけと明確に認識したのは高校に入る前です。

子供時代から、私は特殊な能力を持たされつつ、生かされています。

60年間ずっとそうしてきて、親子関係、嫁姑問題、親族間のしがらみ、お金や病気の怖さなど、世間の酸いも甘いも身をもって十分に味わいました。表面上だけではなく、霊視によって事の裏側、真相を知りながら体験してきました。

そのお陰でしょうか、多くの出来事の「因果関係」がわかるようになりました。いま起きている家庭不和や体調不良、仕事がうまくいかない原因はなにか。逆に、幸せに暮らせている要因はなにか。出来事の根っこの部分が理解でき、現実が腑《ふ》に落ちるようになったのです。

最近は、使命感が出てきました。皆さんが知り得ない真実を視《み》させていただいているからです。それらをうまく伝えて、人生に役立ててもらうのが自分の仕事で、自分にしかできない活動だと思うようになりました。

私が視ることを許されている領域は、皆さんにとっても有益な映像と音声でできています。私の実体験をお伝えすれば、幸福につながるヒントになるのではと思いながら書きました。

包み隠さず書きましたので、ぜひ最後まで読んでください。そして神様・仏様、ご先祖様といった別次元についての理解を深めていただけたらと思います。

2024年3月12日　梨岡京美

編集部注：「視」という字を使うのは霊視の場面、「見」は一般的な場面です。

一般個人が特定されることがないよう、本文は一部事実に即さない書き方にしております。

霊視でわかった神様・ご先祖様との正しい付き合い方——目次

第2章 霊視の始まりと、小銀おばあちゃん

第3章 霊能力開眼、畳の上での修行

第4章 仏さん・ご先祖様の力とは

第5章 神様は見ていらっしゃる

CONTENTS

STAFF

写真　島巻佳代
協力　阿部ふみほ
制作　アネラジャパン

第1章
あちらの世界の仕組み

異次元の構造

始めに、私が視《み》えている世界のことをお話しします。人が生きている「この世」とは別の世界の話です。

まず、神様がいる世界。

私は神様が視えます。私が言う神様は仏様も含めてのものです。

たとえば、サルタヒコ（猿田彦）、スサノオ（素戔嗚）、アメノウズメ（天鈿女）、弁財天といった神様は人のような姿で、大物主神《おおものぬしのかみ》は巨大な蛇、鴻里三寶大荒神社《こうのさとさんぽうだいこうじんじゃ》の荒神《こうじん》様は火として視えます。

アマテラス（天照大神《あまてらすおおみかみ》）より上のイザナミ（伊邪那美大神《いざなみのかみ》）やイザナギ（伊邪那岐大神《いざなぎのかみ》）、国之常立神《くにのとこたちのかみ》といった神世七代《かみよななよ》は、「いてるな」というのはわかりますが、大きすぎて視えません。

天之御中主《あめのみなかぬし》らトップの造化三神《ぞうかさんしん》は、捉えられません。

これら神様は、私たち「人」に対して大きな影響力を持っていますが、この世にやってくることはありません。

次に、神様に近い存在がいる世界。

私は神様とは別の世界にいると思われる龍神《りゅうじん》さん、天狗さんなどの自然霊・眷属《けんぞく》（神様の使い）も視えて、日常会話ができるときもあります。これは、彼らのいる世界がこの世に近いことの証《あか》しでしょう。現に、昔から、人が山奥深く入って天狗とともに修行した話などがあります。

自然霊が神様に仕えているケースもあります。それら高級な自然霊・眷属とは別の低級な動物霊などは、私にはあまり視えません。野狐《やこ》に憑《つ》かれた、古狸《ふるだぬき》がかかったといった話を聞きますが、キツネやタヌキの姿をした霊に遭遇したことはほとんどありません。

なお、お稲荷さんの眷属として働いている八尾《やお》の霊狐《れいこ》や、神様の化身《けしん》となっている大蛇《だいじゃ》（おろち）などは、低級な動物霊とは全く違う存在です。精霊の宿った樹木や石（自然霊）もそうです。

これらとはまた別の世界に、亡くなった方々がいる霊界があります。俗に言う「あの世」です。

実感するのは、人間界とこの霊界は極めて近いということ。この世とあの世とはつながっているようなものです。

よく耳にする「生まれ変わり」は、この世とあの世を行き来することになります。私はこれまで、生まれ変わった人や輪廻転生《りんねてんしょう》した人に出会ったことがないので、本当に起こるのかどうか、これから確認していくつもりです。

あちらの世界を次元ごと、階層ごとに捉えると、大雑把にはこの3つに分けられると思います。

ただし、私もまだまだ勉強不足。断言できるまでには至っていないことを最初にお断りしておきます。

現在、過去、未来

上記3つの世界における時間の流れは、どうなっているでしょう。

人間界の時間の流れは、なんとなくわかります。現在、過去、未来があり、私はすべて同時に存在していると考えています。

うまく説明しきれないので、実際のエピソードでお伝えしましょう。

私は、家族構成や履歴を全く知らない初めての相談者でも、対面するとパッと彼女の両親の顔が頭に浮かび、〈わっ、この方、お父さんにソックリ〉と思ったりします。それは、洗面器に貯めたきれいな水に墨汁を一滴垂らすとわ～と広がるみたいに、映像がわ～と頭のなかを駆け巡ります。彼女に確かめると、

「えっ、わかるんですか？　実は、みんなからよく父親似だってからかわれるんですよ」

と笑います。

私は、こうして彼女の「目の前にない現在＝存命の父親」を視るのと同時に、過去も視ます。彼女の背後に連なっている昔の引き出しが、ひとりでにどんどん開いていきます。そして、気になった過去に集中するとリアルにカラーで視えて、それが人であれば会話を交わすことができます。何百年も前に生きていた方と現代の日本語でやりとりできるのですから、いま生きている私と過去のその方は、同時に存在していることになります。

現在・過去と同じように、未来が視える場合もあります。病気や事故、結婚や離婚、仕事やお金のことなど、彼女の近い将来の映像が勝手に飛び込んできます。これも、私と未来の彼女がいま同時に存在しているからできることではないでしょうか。

私は、だからといって予知をしたり予言をすることは控え、最低限のアドバイスにとどめています。たとえば、「子宮の具合が悪くて病院に通っている」という悩みに対して、瞬時にその先を視て、

「ん？　あなたは大丈夫よ」

と伝える程度です。

過去は現在のすぐ横にあり、未来も現在のすぐ隣りにあるから、私は行き来できているのだと思います。

特徴

霊能者と言われ、プロとして霊視のできる人は、皆さんだいたい視えていると思います。視え方はそれぞれ特徴があるでしょう。私の場合はズーム機能と言ったらよいでしょうか、相談者の過去が深掘りできます。

ただ、相談者に影響を及ぼしているのが先祖だとして、「それがひいおばあさんで、その

ひいおばあさんに影響を与えているのが200年前のあの人」といった溯《さかのぼ》りはできません。そんなことを言い出したらキリがないし無駄です。私は相談者本人と、配偶者、親御さん・祖父母・曾祖父母《そうそふぼ》、それくらいの範囲を突き詰めていくタイプです。

同じように、その場所の過去のこともわかります。どうやら土地に関する霊視力は強いようです。

知人と熊野本宮大社に初めて行ったときもそうでした。宝物殿に入って霊視を始めたら、知人にまるでガイドのように流ちょうに説明したようです。

「この川は暴れ川でよく氾濫して……この建物は以前はあっちで……」

一生懸命に話す私を見て、熊野本宮大社の人が、

「この人、なんで知っているの？　初めて来たんでしょ」

と驚いていました。

その土地の神様が乗り移って言わせたわけではないとは思います。学校の授業では歴史が大の苦手でしたが、そんな私が過去にタイムスリップするのを得意としているのは不思議です。

透視のようなこともできるみたいです。地下とか、箱のなか、厳重な金庫の中身など、焦

点を合わせていくと、見えないものが視えはじめます。

相談者からよく、

「あちらの世界と、どうやってコンタクトを取っているのですか？」

と聞かれることがあります。白装束で奥の院や拝殿に座り、神様に祝詞《のりと》、仏様に念仏やお経をあげたりしてつながるものと思っている方が多いようです。

私はその辺のおばちゃんからいきなり霊能者にチェンジします。居酒屋でビールを飲みながら突然つながります。というか、祈祷したりしてつながる方法を知らないのです。だれからも教わっていません。

数珠などもつけていません。

かつて黒檀《こくたん》の高級品をもらって身につけていたことはありました。駅で電車を待っているときにいきなり切れてホームにタラタラタラとこぼれたときは、これがよく話に聞く〝なにか身代わりになってくれた証拠〟かなと思いました。別の方からもらった数珠は、手に持った瞬間にコロコロコロコロとテーブルにこぼれました。そんなことが続くので、私には不必要と判断して、いまはほかのアイテムも一切つけずにいます。

すぐに忘れる

霊視したあと、私は視たこと、相談者に伝えたこと、そのすべてを見事に忘れます。

自ら記憶から消し去ろうとして忘れるのではなく、脳が覚えていられない感じです。霊視するとなにせ情報量が多いので、消していかないと頭のキャパシティを超えてしまうからでしょう。

そのことでずいぶん悩んだ時期がありました。相談者から、

「このあいだ、先生にこう言われて……」

と前回の霊視を前提に相談されても、

「いや〜、ごめんなさい。私、視たことや言ったこと、全部忘れてるから」

そう言うしかなくて、

「それでは困りますよ！」

とクレームを受けることが多かったからです。自分で「視た」「言った」という事実は認識していても、内容については記憶が皆無。

「へぇ～、私、そんなことしゃべった？」

そう言って叱られます。だから、相談者には、

「1時間の霊視のあいだに質問を全部してください」

とお願いしています。

翌日に再質問されるとゼロからのスタート。私は半日後、いや、1時間後でも覚えていないくらいですから。とにかく、「視たら出して」「視たら出して」と常に頭のなかをクリアに保ちながら霊視を行っています。

そのためでしょうか、あちらの世界の存在に乗り移られたり、魂を持っていかれることはありません。

仏さん・ご先祖様、神様・仏様

私が「仏さん」と呼ぶのは、亡くなられた方、亡くなった身内のことです。身内であれば「ご先祖様」とも呼べますが、私は区別しています。

「仏さん」は亡くなった両親、祖父母（おじいちゃん・おばあちゃん）、曾祖父母（ひいじいさん、ひいばあさん）という、自分を含めて4代前までの身内のこと。「ご先祖様」は5代前から先です。

皆さんは、おばあちゃんやひいじいさんが亡くなって、「仏様になったよ」「神様になりました」と言いますが、私は「仏さん」と言っています。

そもそも「人」はあの世に行っても「人」です。また、自分が子供のころに父親が亡くなり、「もう50年も過ぎたから、立派なご先祖様だね」と言うのも、私の定義では「仏さん」です。

・4代前まで（両親・祖父母・曾祖父母）＝　仏さん
・5代から先（高祖父母から上）＝　ご先祖様

私が「先祖供養」と言う場合、これらすべてです。

人は神様にはなれません。神格化される方はいますし、亡くなった偉人が神社に祀《まつ》られることはありますが、神様になったわけではありません。

人が死んでから行く場所に、神様はいません。住む場所が全然違います。従って、あちらの世界でいくら修行しても神様にはなり得ません。神様は人のような形に視えることがありますが、全然違う存在なのです。私は大日如来《だいにちにょらい》の化身とされる不動明王《ふどうみょうおう》がついている修験道《しゅげんどう》の行者《ぎょうじゃ》さんに会ったことがありますが、これは極めて稀なケースです。「自分には神様がついている」などと喧伝《けんでん》する〝自称霊能者〟は、勘違いしていることになります。

そういった霊能者は自身が視た別世界・別次元を語り、それが真実であるかのように自信満々に解説します。どうしてそれほど独断的でいられるのかというと、その真偽をジャッジする人がいないから。だれからも矛盾や論理の破綻に突っ込まれないからです。周りにいるのはモテ囃《はや》し、煽《あお》る仲間だけ。次第に鼻高々になり、視えてもいないことを言いはじめます。

たぶん、先ほど紹介した2番目の次元の下のほうにいる低級霊とつながっただけでしょう。わかりやすく語りかけてくるのはレベルの低い霊。真《ま》に受けてはいけませんし、その言葉を信じて予言などを始めたら崩壊に一直線です。

幸いにして、私には審神者《さにわ》のような役目をしてくれる作家の不二龍彦《ふじたつひこ》先生がいます。不二先生が文献を当たったり現場取材することにより、私がだれとつながって、なにを視ているか、それは本当かどうかが検証されます。もし、知見が豊富な不二先生と知り合わなければ、私自身もこれほど自信と確信を持って活動できていないと思います。

経験実学

私の霊能力は、本を読んだり先生に就《つ》いたりといった座学で習得したものではありません。厳しい修行で磨きをかけたものでもなく、日常生活のなかで実体験しながら収得してきたものです。〝経験実学〟とでも言いましょうか、日々の暮らしそのものが勉強であり研究でした。

今日《こんにち》までの日々は、霊能者としての私を一般女性である私が育ててきた毎日。霊能者・梨岡京美は最初、とんでもない痛みを私に与えながら目の前に出てきて、泣くことと、おっぱいを飲むことしかできない赤ちゃんと同じようなものでした。その赤ちゃんが経験を積みつつ、あちらの世界の真相を解き明かしています。幸いなことに、経験実学に必要な体験の機会にはとても恵まれています。事あるごとに神様がビジョンを示してくれますし、供養してほしい仏さんが自分から来てくれます。

そんな霊能者・梨岡京美の強みは人間臭さだと思っています。

訪れた相談者を霊視して、視えたことを伝えるにあたって言葉を選ぶとき、それを経験している者じゃないと出てこない言葉というものがあります。家庭問題など、修羅場をくぐった者しか言えない「実践経験が乗った言葉」でこそ、相談者は納得するのだと思います。

20～30代の若い霊能者は、嫁・姑《しゅうとめ》の問題を霊視したとしても、響く言葉は持ち合わせていないでしょう。会社を経営したことのない者は、訪れた社長に刺さる言葉を投げかけられないでしょう。

たとえば、最近は「親がおかしくなってしまった」という相談が増えています。呆《ほう》けてしまった母親を目《ま》の当たりにした子供（といっても中年の方々）が大きなショックを受け、「信じたくない」「受け入れられない」といった心境になり、

「頭がおかしくなったのは、もしかして先祖の祟りでは……」

とやってきます。

経験値のない霊能者であれば、その場で霊視を始め、「先祖供養ができていない」などと語り出し、ピント外れな解決策と数万円の請求書を出すでしょう。でも、私が霊視もそこそこに伝えるのは、

「認知症は病院にお世話になるのが一番ですよ」

というひと言です。

相談者には家庭があります。家事にパートにと慌ただしい毎日で、親のために使える時間はそんなにありません。言葉は悪いですが、子供にとっては少なからず迷惑であり、人によっては、「申し訳ないけど、早くいなくなってほしい……」という内面も透けて見えます。

「霊障はありません。行政に相談してみては？」

という私の直言は、婚家における29年間の〝畳の上の修行〟があってこそ出る言葉です。祖父母に預けられた子供時代を生き抜いたからこそだと思います。

第2章 霊視の始まりと、小銀おばあちゃん

仮死状態で誕生

私は大阪市港区弁天町で、高知・奈半利港《なはりこう》を母港とするカツオ漁船に乗る父「いずみ」、大阪の裕福な家庭で育った母「れいこ」のもとに初子として生まれました。父31歳、母26歳。ふたりの結婚翌年のことです。

大変な難産で、母は昏睡状態に陥り、半ばあの世に行った容体でした。「赤ちゃんを無事に産むことができなかった……」と薄れゆく意識のなかであきらめたと聞いています。

実際に、私は仮死状態でこの世に出てきました。

母は意識が戻ったときに病室の電灯がついているのを確認して、「死ななかった、生きているんだ」と思い、父から娘の蘇生を聞き、涙をこぼしたそうです。

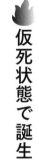

私はお腹に手のひらサイズの赤いアザを持って生まれてきました。それ以外には特になにもなく、大阪の新居で順調に育ちました。

父は遠洋漁業の漁師ですから、一度航海に出ると10カ月くらいは帰ってきません。また、父は6人兄妹の長男ということもあってか、大阪よりも高知の実家暮らしを母に要望しつづけていたようです。

2歳のとき、大阪から父の実家への引っ越しが決まり、おじいちゃん・おばあちゃんと一緒に暮らすことになりました。この祖父母、なかでもおばあちゃん（池内小銀、当時48歳）が、私の人生を大きく変えるのです。

高知に移り住んだ翌年、母は第二子の男の子を出産しました。2歳下の弟「のりゆき」の誕生です。

ただ、すべてが順風満帆とは行きません。母は姑（小銀おばあちゃん）と、どうしても折り合いをつけられなかったようで、弟を産んだあと、私たち子供ふたりを連れて大阪に戻ることになりました。

父は、「お前たちは先に引っ越しをしろ。自分はあとから住民票を抜いて大阪に行くから」と約束しました。

でも、待てど暮らせど来てくれません。母が手紙を送ってもなしのつぶて。父の5人の妹たちに訊《き》いても、「漁に出ているから連絡が取れない」「長男だから、実家から出るわけにはいかない」という、思いも寄らない返事だったようです。

実際は、父の稼ぎをアテにしていた小銀おばあちゃんが、いろいろと理由をつけて大阪行きを阻《はば》んでいました。父の妹たち（私にとっての叔母さんたち）も、真面目に働いて高額の給料をもらってくる兄が実家にいることに異論はありません。大阪の家族のもとに行ってしまったら、収入源が細ります。

そんな大人たちの思惑のなか、母と私たち子供ふたりは、父からの仕送りをもらって生活を続けました。

父がいなくて寂しくはありましたが、バスで大好きな幼稚園に通い、4、5歳のころは、箕面市に住む母方のおばあちゃんによく遊んでもらいました。楽しかった記憶しかありません。

それなのに、小学校に入る前に、再び高知に引っ越すことになったのです。

「京美が6歳になったら、住民票がある市町村の小学校に通う必要がある」

これが、小銀おばあちゃんが主張する、実家に戻らなければならない理由です。

理不尽な話ですが、母は抗《あらが》うことができなかったようで、かといって自分が再び高知に移り住むことは拒否し、子供ふたりだけを引っ越させることにしました。

私と弟が大阪を離れる前の晩、母は荷物をまとめながら、目を真っ赤に腫らしていました。私はなぜ泣いているのか、わかりませんでした。

翌日、覚えているのはタクシーのなかで、付き添った母から、「お姉ちゃん、起きて」と言われ、目を開けたら3歳まで暮らしていた家の前だったこと。私は寝ていた保育園児の弟を起こしてタクシーを降りました。

いとこたち（父の妹の子供たち）が駆けつけ、「こっちだよ！」とグイグイ手を引っ張ります。母は私たちを見送って、「買い物に行ってくるからね」とそのままタクシーに乗っていきました。その姿が見えなくなると小銀おばあちゃんは、

「これからはお母さんと呼んで」

と微笑みました。

叔母さんたちが皿鉢《さわち》料理を作り、旦那さんたちが大きな声で私と弟の名前を呼び、「よう来た、よう来た。ほれ、上がってメシ食え。ほら」と腕を掴《つか》み上げました。

〈きょうからこの家か……〉

何不自由ない大阪での生活が終わったのかと、愕然《がくぜん》として空を見上げました。どんよりとした曇り空が大阪よりも低く見えます。

〈自分の意思ではどうにもならん。大人の事情に巻き込まれて右往左往の人生やな〉

実際に小銀おばあちゃんとの暮らしは、カツオ漁船のように激しく揺れ動いたのです。

初の霊視

大阪にいたころから、私は生まれながらにしてお腹の左側にある赤いアザが気になって仕方ありませんでした。

大阪のときに通っていた幼稚園ではプールの時間、小さなビキニの水着では隠しきることができず、みんなから「赤鬼、赤鬼」といじめられました。

自分ひとりでも、お風呂のときにどうしても目に入るのが嫌で、母に訴えると、

「姉ちゃん、顔じゃなかったからよかったね」

と言います。気休めにもなりません。

「なんで私だけあるん！」

食い下がると、

「姉ちゃんがお腹にいるときに火事を見たからよ」

と言いました。大阪の自宅マンション近くで火事が発生し、それを見たときに思わずお腹に手を当てたのだと言います。

〝妊婦が火事を見ると赤アザの子供が生まれる〟

そういう迷信があります。私がそんな言い伝えを知る由などありませんが、なんとなく得体の知れない不安は抱えていました。

それは現実となりました。

2度目の高知への引っ越し時、タクシーから降りていとこたちに引っ張られて入った父の実家で、見てはいけないものを視《み》てしまったのです。背中に寒気が走るのと同時に、両腕に鳥肌が立ちました。

〈えっ？　なにこれ!?〉

集まっている親戚の肩に、赤ちゃんの顔や女性の顔などが乗っています。これまで経験したことのない、人生で初めての〝霊視〟です。

再び戻ってきた高知での初日、小銀おばあちゃんと再会した瞬間、私の〝能力〟の弁が開きました。

そして、このあともなにかの拍子に開くようになってしまったのです。

小銀おばあちゃん

小学1年生の私は、母親代わりとなった小銀おばあちゃんと、すぐに険悪な雰囲気になりました。原因の一つは〝視えた〟映像を〝口にしてしまう〟ことです。

父が長期間の漁から戻ってきたときのこと。2週間ほど休む父のもとに、近所に住む父の妹さんたちが遊びにきました。旦那さんと一緒に来る叔母さんもいました。

父に会いにきた叔母さんたちを視て、私の唇が勝手に動きます。

「このおばちゃん、『お金貸して』って来てるんよ」

言葉が自然に出てきます。カツオ漁船を下りた父の腹巻きには、桁違いの現金が入っていました。

「このおじちゃん、カセットテープを借りても戻さないよ」

父が漁船から下りるときに持ってきた100本くらいのカセットテープを借りに来る叔父さんの姿を視たときは、そう口が動きました。

〈えっ？　私、なに言うてんのやろ？〉

告げ口をするつもりなど全くありません。言わされるのです。私自身とは関係のないエネルギーによってしゃべらされるのです。

横にいた小銀おばあちゃんがキッと睨《にら》み、「口を閉ざせ！」と荒くたれの土佐弁で怒ります。

私は、言いたくて言っているのではないのに叩かんばかりの勢いで怒鳴られ、「言うな！」と言われてもすぐにまた言ってしまうので、頭がおかしくなったのではないかと、恐怖で体が小刻みに震えました。

〈お父ちゃん、助けて。どこにおるん〉

父はもうお酒を酌《く》み交わしはじめています。小銀おばあちゃんの言いなりの正信おじいちゃんは、視線を送っても目さえ合わせてくれません。

〈あかん、どっか逃げよ〉

どうしようもなくなり、裏手にある小高い山に駆け込みました。

〈私はいったいどうなってんのやろ〉

考えると不安で涙が止まりません。気づけば日が暮れはじめていました。家に戻ると、保育園から帰ってきた弟が小銀おばあちゃんに抱っこされていました。

この家で心を許せるのは、わずかな時間、滞在する父だけです。父がいるあいだじゅう、いっぱい甘えました。

「ねぇ、お父ちゃん、お菓子を買って」

とお強請《ねだ》りし、腹巻きからお札をもらいました。夜はくっついて一緒に寝ました。

でも、父が漁に出ていってしまうと、10カ月の心細い日々がやってきます。小学校から帰宅して夕方になると、母が恋しくてホームシックになりました。楽しかった大阪での暮らしが思い返されます。

〈あぁ、いまごろお母ちゃんと一緒にいたら、商店街に行ってパン買うたり、ショートケーキを食べてんのやろなぁ〉

つらくなると足が向く裏山で空を見上げていました。

〈シャボン玉みたいに飛んで、お母ちゃんのところに行きたいなぁ〉

しかし、そういうことは、小銀おばあちゃんの前では絶対に言いませんでした。小銀おばあちゃんはそれをわかっているから、私が母親に会いたがっているのを知っているからです。意地でも言わない。

〈小銀おばあちゃんに哀れがられるのが悔しい〉

反骨精神が芽生えていました。

予知夢

その後に何度も見ることになる予知夢を初めて見たのは、小学1年生のときです。旅行など遠くに行くことが決まると、その1カ月くらい前から、時には前日に必ず夢を見るようになり、このときは1週間前でした。

夢のなかで、父と、父の従兄弟《いとこ》、そして私と弟は、香川県の金刀比羅宮《ことひらぐう》（金比羅山《こんぴらさん》）に初詣に来ています。お正月ということで私たち子供は可愛い着物を着せられ、草履《ぞうり》を履いて、階段を上っています。途中で疲れてしまった弟は父におんぶされました。脇にある小道に入ったり、お店に寄ったりして、ようやく拝殿に着いたところで夢は終わりました。

その夢から1週間が経ち、実際に行く日の朝、私と弟は本当に着物を着せられました。父の従兄弟も本当にやってきました。

「ねぇ、お父ちゃん。ノリの運動靴を持っていかなきゃ」

金比羅山は階段がたくさんあって弟が草履で歩けなくなると知っている私に、父は「靴？」という顔をしますが、すでに〝お姉ちゃん〟をしていたマセた私は弟の汚れた運動靴を抱えて出発しました。

金比羅山に着くと、夢で見た風景そのままです。いま歩いている道の先がどうなっているかがわかります。階段を上がったところになにがあるかも知っています。お店の場所も夢で見たとおりでした。

可笑《おか》しかったのは、それでも弟は父におんぶしてもらったことです。運動靴に履き替えましたが、やはり疲れて歩けなくなりました。まさに正夢です。

そういった平和な夢ばかりならいいのですが、背筋が凍るような夢もあります。

小学2年生の夏、同級生の身内がクルマに跳ねられる夢を見ました。これが予知夢だとしたら最悪。夢のなかでは、その人は亡くなるのです。

夢から何日か経って、私は小銀おばあちゃんに手をつながれて歩いていました。と、その歩いている道が夢で見た事故現場に続く道であることに、10メートル手前で気づきました。

〈うわ～、嫌だ、怖い！〉

しかし、私の能力を蛇蝎《だかつ》のごとく嫌う小銀おばあちゃんに、これから起こるかもしれないことなど、言えるわけがありません。震えはじめた私の手を、小銀おばあちゃんはなにも知らないまま握りつづけ、同級生の身内がクルマに跳ねられるであろう横断歩道に向かっていきます。

そのときです。どこからかやってきた杖をついた老女が、横断歩道をゆっくり渡りはじめました。道路の向こうからは、夢のなかで見た白いクルマがかなりの速度でやってきます。そして……白いクルマは……横断歩道の前で……停止しませんでした。

私の目の前で脳みそが飛び出ました。悲鳴とともに手を離した小銀おばあちゃんは合掌してお経を読みはじめました。

私は立ちすくんだまま動けません。

それからのことは、あまり覚えていません。

私はその日からしばらくのあいだ、夢を見るのが恐ろしくて目をつむることができず、それでも寝落ちするとひどくうなされました。

夜の来訪者

小学2年生の夏休み前に、それはやってきました。

連日のように蒸し暑さが続き、その日も熱帯夜でした。

〈あー、気持ちいい！〉

お風呂から上がってパジャマに着替え、扇風機をかけて横になっていると、どこからか白いモコモコした雲のようなものがやってきて、私を乗せ、ふわ～と浮き上がりました。下を見ると体は布団の上。意識だけが上がっていきます。

〈えっ、夢？　夢じゃないよね？〉

落ちないようにぎゅっとしがみつくと、雲みたいなのに、しっかりとした質量を感じます。そのまま部屋の網戸を貫通して外に出ました。

〈これ、なに？〉

上昇していくのが風圧でわかります。恐る恐る下を見ると、眼下に自宅のある集落の家々と街灯が見えます。

風に煽《あお》られてずり落ちたら死んでしまうと思い、歯を食いしばって掴まっていると、いつの間にか周囲は白銀の世界。海には巨大な氷山が浮かんでいます。北極か南極まで来たようですが、寒さは感じません。見ると、ところどころ氷の大地に深い亀裂が入り、そこにアザラシが吸い込まれそうになります。「あっ、落ちる！」と声が出た瞬間、扇風機の前に座っていました。

〈はあ〜？？？〉

本当にいま起こったことですが、夢だと思えば夢でもあり、考えていたらだんだん眠くなってきて、翌日の学校に備えて布団に入りました。

龍と思《おぼ》しきものに乗っていた時間はどれくらいだったでしょう。もしかするとほんの2〜3分の出来事かもしれませんし、逆に1時間以上だったような気もします。なぜなら翌朝は寝不足でひどく眠かったからです。

これが初めての龍との遭遇。

2回目はすぐに来ました。

3回目も来ました。

半年くらいのあいだ、龍は必ず夜にやってきて、私を乗せて南極か北極のようなところまで飛んでいきます。同じ龍です。根拠はありませんが、間違いなく同一人物です。

そして、相変わらず翌日は眠くて眠くて仕方がなく、体力を相当消耗しているように感じました。

〈ほんまに私、頭おかしくなったんかな〉

龍との旅行から戻ってくるたびに布団の上に座っている自分に対して、不安が募りました。

自分がどうなってしまっているのか、言えば怒鳴るに決まっている小銀おばあちゃんに相談はできず、学校でも友だちに話せません。次第に夜、寝るのが怖くなりましたが、それと同時に龍は来なくなりました。

その年のお盆、小銀おばあちゃんに手をつながれて近くの海岸を歩いていると、

「おばあちゃんが子供のころは、ここの砂浜が500メートルくらい先まであって、海水があるところまで泳ぎにいくのが大変だった。海に着くまでに何回も休まないと足裏が火傷してしまうからね。それがいまはすぐに海だから。満潮でもないのに、なんかおかしいね」

と遠くを眺めて独り言のように言いました。

黒い犬

小銀おばあちゃんとの関係は、小学2年時には、さらにひどくなりました。

原因の一つは、家の増築計画です。

父は、年頃に近づいた8歳の私と、小学校に上がる6歳の弟のために、自宅前の畑に新たに家を建て、勉強部屋を作ろうとしました。いまは外にあるトイレとお風呂も、これを機に家のなかにしようという案です。

ところが、小銀おばあちゃんは、

「そんな、子供の部屋などいらん！」

と一蹴。

父としては、家の主《あるじ》である小銀おばあちゃんがいらないと言っているのに新築することはできず、計画は中止になりました。私は子供部屋、風呂、トイレが幻に終わったことよりも、母親の言いなりになる父のマザコンのような姿に心底がっかりしました。この母と子の関係は、のちに父の運命を大きく左右します。

大阪の母が言っていた言葉が思い浮かびました。

「高知のおばあちゃんは子供を高校に行かせるつもりなどないで。だから姉ちゃん、気を引き締めないと、そうなるよ」

確かに、小銀おばあちゃんは私に勉強させるつもりなどないかのように、いつもいつも雑務や用事を言いつけました。お遣《つか》いに行って帰ってくると、また次のお遣い。昼も夜も、寒い冬の日も関係ありません。凍《こご》えかじかんだ手を摩《さす》りながら家に戻ると、小銀おばあちゃん、正信おじいちゃん、弟がポカポカのコタツに入ってテレビを観ていました。

そのお遣いの際に不思議な出来事がありました。

「次はこっち行ってきて」

座る間もなく2回目のお遣いに、近所の駄菓子屋へ行かされたときのこと。渋々歩いていると、向こうから黒い犬がトコトコやってきます。見た目はラブラドール・レトリバーにそっくりで真っ黒。首輪がついていないところをみると野良犬でしょう。胸に生《は》えているダイヤの形をした白い毛がチャーミングでした。

すれ違うのかと思ったら、方向転換して私についてきます。店に入って買い物をしているあいだも外で待っていて、家に戻ろうとすると、また後ろをついてきます。

〈この子、なんなん？〉

わかったのは、どうやら私にしか視えていないこと。通りの人は、だれひとりとして犬に視線を向けません。

見えない黒い犬はそのうち私の前方に出て、早足で先導するかのように進みはじめます。その方向が家のほうだったのでついていくと、着いたのは自宅の裏山で、そこで突然いなくなりました。

この日を境に、この子は私がお遣いに出されると、どこからともなくやってきて、一緒に歩いて、最後は必ず裏山で姿を消しました。

一度、裏山のどこに住んでいるのかが気になって、時間を忘れて探し回ったことがあります。

そのとき、小銀おばあちゃんはいつまでも帰ってこない私を案じ、ご近所さんに、「京美を知らないか？」と訊いて回っていました。警察に捜索願いを出そうとしたところ、犬の家探しをあきらめた私が帰ってきました。

ひどく叱られました。黒い犬のことをみんなの前で説明すると、

「この子はホント馬鹿で、妄想癖《もうそうへき》があるから」

と近所の方々に頭を下げていました。

この裏山からは、私が夜ごと乗せられる白いモコモコが出てきたことがあります。それが龍の化身だとしたら、不思議な黒い犬もそうかもしれません。裏山には龍が好きそうな池がありましたから。

弁当づくり

小学3年生のときにあった春の遠足の思い出は、一緒に行った1年生の弟の涙です。

小銀おばあちゃんは、料理が上手ではありません。煮物、焼き物、味噌汁、そうめん、これくらしか作れず、味は言わずもがなです。

「姉ちゃん、なんで俺だけ、こんなん……」

うつむき加減でトボトボ歩いてきたノリは、半べそをかきながら、中身が茶色のおかずばかりの弁当箱を見せました。

ほかの子たちと見比べたら、泣きたくなる色をしています。私のだって茶色でしたが、女子同士でおかずを交換したり、もらったりしながら楽しんで食べていました。でも、ノリは初めて見た他人の弁当に引け目を感じていました。

〈しゃあないな〉

真っ赤な目をしているノリを見たその日を機に、私は料理の勉強を始めました。可愛い弟を悲しませてはなるものかと、まずはテレビで土井勝さんの『きょうの料理』を見ることにしました。

これがなかなか面白い。弟の弁当と自分の弁当を朝6時前に起きて作るようになったのは、このあとすぐのことです。

定番は、いま思えば着色料いっぱいの赤いウインナー、添加物まみれのハンバーグ、そして卵焼き。天ぷらを覚えて舞茸やサツマイモを揚げましたが、お昼にはベトベトになっていて、これは失敗でした。

午前7時に登校するまでの慌ただしいなかでのお弁当作りは、中学校に入るまで毎日続けました。

本心

小学校は楽しく過ごせる私の居場所でしたが、一つ問題がありました。それは、先生方の〝本性〟みたいなものが視えてしまうこと。

〈うわぁ、この先生、めっちゃヤバい……〉

小学1年生のときは、担任の先生の顔を初めて見た瞬間、「最悪！」と叫んだほどです。先生からは「理屈をこねる子」とあからさまに避けられ、私も馴染《なじ》もうとしませんでした。小学4年生の担任も同じタイプで、全くうまくいきませんでした。

一方、小学2年生、3年生、5年生のときの担任は優しくて、普段の表情も〝これぞ小学校の女の先生〟といった柔らかさ。2年生のときはご自宅に遊びにいったほどです。それを知った友だちにせがまれて、5年生のとき、「じゃあ、みんなで先生の家に遊びにいかない？」という話になりました。

リーダーとして先生に予定を訊くと、

「週末は高知市内の実家に帰るのよ。ちょっと遠いけど、土曜日に学校が終わったら一緒にクルマに乗っていく？」

と言ってくださり、友だち3人で行く約束をしました。

ところが当日、小銀おばあちゃんが「行ったらダメ」と言います。「なんで行ったらダメなの？」と訊いても答えず、「お前がそんなとこ、行くことない」と言うだけです。もう、友だちふたりは先に先生と出発しました。

〈約束破るのは絶対あかん。私が行かないわけにはいかん〉

黙って家を出ました。お小遣いはいつも父から十分にもらっていて、小銀おばあちゃんに頼み込まなくてもいいのが救いです。

バスに乗って高知市内まで行きました。

問題は先生の住所がわからないことです。私はとでん西武（百貨店）のバス停で降り、通りすがりの60代くらいの女性に、

「ハマダアヤコ先生のお家《うち》を知りませんか？」

と尋ねました。すると、その方が交番まで案内してくれたのはいいのですが、お巡りさんに迷子扱いされてしまい、住所と名前を聞かれ、なぜか小銀おばあちゃんではなく教育委員会に連絡されました。すると、教育委員会からハマダアヤコ先生に連絡が行き、先生

が交番まで迎えにきてくれたのでした。

〈なんとかなるもんね。みんな、訊いたら助けてくれるんやな〉

私は家のなか以外では、どんどん活発になっていきました。

いじめ

学校でのもう一つの問題は、クラスメイトの〝本性〟も、ちょっぴりわかってしまうこと。1学年に2クラス50人だけの小さな小学校だったので、全員の性格がなんとなく視えてしまいます。そもそも町にある保育園は2つだけで、そこから全員小学校に上がってくるので、クラスメイトの半分は保育園時代からの友だちです。

その仲のいい同級生の女の子ふたりから小学4年生のときにイジメを受けました。

「おはよう！」

いつものように挨拶しても、ふたりはチラッと見たきり顔を背けて無言です。

「どうしたん？」

訊いても無視。私はサーッと血の気が引きました。

〈やられたわ。なにがあかんかったんやろ……〉

自分なりに原因を探ると、目立つことのようでした。彼女たちは先生の前で自分たちが目立ちたいのに、私は児童会の役員をしたり、自宅で押しつぶされているぶん学校で超元気なので、どうしても一番目立ちます。天然パーマだったせいもあるでしょう。

イジメは次第に大勢の子が加わり、女子数人での無視や、イタズラのレベルを超えた嫌がらせが始まりました。

私の居場所は学校だけです。クラスで仲間外れにされて孤立して、唯一の楽しい時間を奪われるわけにはいきません。

〈これは生存競争や。負けるわけにはいかん〉

私はイジメてくる女子グループと離れて過ごしながら、ひとり一人の性格を読みつつ、さらに男子に協力を求め、反撃の機会を待ちました。

半年後、道徳の授業のなかで行われた反省会、

「学校で嫌なことがある人は手を挙げて」

先生が教室内を見渡します。

〈一気に形勢逆転できるかも〉

私は一番に手を挙げて、イジメてくるクラスメイトの名前を挙げ、「謝ってください」とにらみつけると、先生から促された彼女たちはしぶしぶ頭を下げました。

これで一件落着とはいきません。数日後、主犯格のお母さんに呼び出されました。

「娘がどうやらあなたのせいで食欲をなくしたみたいなの。学校に行くのも嫌と言っている。京美ちゃん、あなた、なにしたの」

ソフトな語り口ですが、自分の娘ではなくて、私が悪いという本心が窺《うかが》えます。片親であることに対する偏見も見え隠れします。300人いる全校生徒のなかで母親がいないのは私ひとりでした。

でも、後ろめたさなどこれっぽっちもない私が実際にあったことを語ると、お母さんは娘に、「本当なの？ 間違いないの？」と無言の肩を揺さぶりました。

この子は懲《こ》りずに6年生のときにまたイジメを仕掛けてきました。私の上履きのなかに画鋲《がびょう》を入れるなど、陰湿極まりありません。やはり、持って生まれた性格はちょっとやそっとでは変わりません。

家出

小学4年生のときは、イジメのほかに、くだらない事件にも巻き込まれました。

小銀おばあちゃんのお金がなくなり、いきなり叱られたのです。

〈なんで私が盗んだなんて思うんやろ？〉

すぐに真相は明らかになり、疑いは晴れました。でも、小銀おばあちゃんに一旦は犯人扱いされたという事実、お金を盗むような子供だと思われた悔しさは消えません。

〈あぁ、もうこの家にはいられない……〉

私は貯めていたお小遣いのなかから5000円をポケットに入れて家を飛び出し、バスに乗って高知市内に向かい、乗り換えて高知港に行きました。フェリー乗り場でチケットを買うためです。

「すみません、大阪まで行きたいんですけど」

大阪には、叔母さん（父の妹）が住んでいます。私もかつて大阪に住んでいたので、大阪南港《なんこう》まで行けばなんとかなると思いました。

「お嬢ちゃん、向こうでだれか待ってるの？」

小学4年生でも背が小さいほうだった私に、不審に思った係員が尋ねてきます。私は叔母さんの住所も電話番号も暗記していたので、

「この親戚が南港で待ってます」

と伝えて納得してもらいました。

住所と電話番号は叔母さんから聞いたのではありません。郵便局で現金書留を出すときや、電信為替を送るときに記入しなければならないため覚えたのです。お金に余裕のある父は、自分の妹たちに子供ができたり、大きくなって学校に行くようになった際に、必ずお祝いのお金を送っていました。その手続きは小学2年生以降、私の役目になり、郵便局のおじさんに、「そこはカタカナで書くんじゃないよ」などと教えてもらいながら、何度も送金係を務めていたため頭に入っていたのです。

私は船上の人になりました。大阪高知特急フェリーから見る大海原。

〈お父ちゃんの船と会わないかなぁ〉

それも気になって、なんだかドキドキして、日が暮れて夜になってもなかなか眠れず、朝7時過ぎに大阪南港に着くまで、ほんの少ししか寝なかったように思います。

下船して7時半になるのを待って叔母さんに電話をかけ、「迎えに来て」と伝えると、事前に連絡していなかったこともあり、とても驚いていました。

そのころ、高知の小銀おばあちゃんは、私がひと晩帰ってこなくても、朝いなくても、何事もなかったようです。小学3年生になってからは、近くに住む叔母さんの家に泊まることがちょくちょくあったので、また黙って遊びにいったと思っていたのでしょう。私の存在など、そんなものです。

このとき、母も大阪にいました。

しかし、私はすでに母のことは頭から消していました。許せなかったのです。

小学校に入る前に離ればなれになり、小学2年生で一度会えましたが、小銀おばあちゃんから「お前たちは捨てられたんだ」と聞かされつづけ、小学3年生のころには憎むまでになっていました。住所も知らせてこず、手紙も電話もくれない……。小銀おばあちゃんから聞かされる〝元嫁〟の悪口が、母に対するの嫌悪感に拍車をかけました。あれだけ大事に持っていた家族写真も、全部破り捨てていました。

酒に溺れる父

親権を求めつづけた母でしたが、願いは叶《かな》わず、母と父の離婚が成立しました。母が私と弟を高知に置いてひとりで大阪に戻ってから3年の月日が経っていました。

両親の夫婦仲はけっして悪くなかったと思います。母は当時、

「姉ちゃんなあ、お母さん、おばあちゃんがいてなかったら、離婚する理由がないねん。それがお母さんも悔やまれるわ」

と言って泣いたことがあります。優しくてお金も稼げる父に対する不満を、私は母から聞いたことはありません

思えば、母に置いていかれたのは父も同じです。

長い航海から帰ってきても妻はおらず、娘と息子の面倒を見てくれる両親が待っているだけ。特に小銀おばあちゃんには、ふたりを育ててもらっている手前、全く頭が上がらず、ガアガア言われても反論できません。父は私と買い物に行ったり、一緒に寝たりして気を晴らしますが、やはりつまらないし、なにより寂しい。陸に上がっているときは、毎晩お

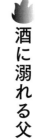

酒を飲みに出歩くようになりました。

　外で飲みすぎて足腰が立たなくなった父を迎えにいく夜が増えました。お店から私ひとりで抱きかかえて帰るのが無理なときは、小銀おばあちゃんを呼び、協力して連れ帰りました。

　酩酊している父を肩に乗せながら、小銀おばあちゃんが私の目を見て放ったひと言は忘れられません。

「お前のせいで、お前が生きているからこうなった」

私は父にとっての重荷。金食い虫。小銀おばあちゃんにそう思われながら、それを知らないでこの日まで生きてきました。

〈なんや、私にいなくなってほしいんか……〉

小銀おばあちゃんから、「いずみ（父）にそっくり」といって可愛がられる弟の寝顔を見ながら、これからの人生を頭に描きました。

〈「お前は母親に似ている」と言って嫌われている自分は、ここでどう生きていけばいいのか……？〉

　そのときに真っ先に思ったことがあります。

〈この家、絶対に出る!〉

悪いことは重なるもので、このころ、再び小銀おばあちゃんのお金が盗まれるという事件が起きました。笑うしかありませんが、疑われたのはまたしても私で、後日わかった犯人は、正信おじいちゃんでした。

こんな環境だったからでしょうか、将来なりたい職業は婦人警官で、そのために父に頼んで柔道を習いにいってました。

火の玉

小銀おばあちゃんは、娘たちの生活費を援助していたためか、自分のお金が足りなくなったようで、父の建てた家を担保に高利貸しから借りはじめました。

叔母さんたちは甘えて返さなかったのでしょう、小銀おばあちゃんは借金の返済に窮するようになり、父が稼いでくる私たちのお金に手をつけはじめました。それでも足りなかったのか支払いが何カ月か滞り、とうとう家は差し押さえられ、近くの「住宅」と呼ばれる借家に引っ越しせざるを得なくなりました。

可愛がられている弟は納得していましたが、私は小銀おばあちゃんについていきたくありません。航海から戻ってきた父は、母親が招いた事態の後始末のために船を下りることを決断、陸の仕事を見つけてきて、私とふたりで自宅に住みつつ、借金の返済に奔走しはじめました。

しかし、のちに家は高利貸しの手に……。

事件はそんな中学1年生のときに行った墓参りで起きました。

その墓地は通路が整備されていなくて、先祖の墓に行くのに、他人様の墓の上を歩いて行くしかありません。知らない方の墓を踏みながら、行き帰りと往復します。

私と小銀おばあちゃんは、先祖の墓をなかなか見つけることができず、墓地のなかを探し回っていました。

と、そのときです！　いきなり後ろから強く足首を掴まれ、私は「うわっ！」と激しくつんのめり、地面に手を着きました。まさに不意打ち。危うく顔面から墓石に突っ込むところです。

〈えっ、いまのなに⁉〉

真相を知らない小銀おばあちゃんから見れば、ただ蹴躓いた京美でしょうが、私は大人の手の感触がフラッシュバックして鳥肌が止まりません。足首を見てみると、両方に指の痕《あと》が赤く残っています。ショートパンツだったため靴下は履いておらず、そのぶんクッキリと浮き出ています。

〈人の指のあと、10本あるやん……〉

どんなに怖くても小銀おばあちゃんに知られたくないので、深呼吸して気を落ち着かせて先に進みました。

この日は夕方から行ったこともあって墓の場所がどうしても見つけられず、日を改めてふたりで墓地に行きました。

「このあいだ来たとき、ここで転げたわ。だれの墓なん?」

訊いてみると、ここが探していた曾祖父の墓だと言います。

〈ひぇ〜。ひいじいさん出てきた〜〉

この墓地では次の年にも怖い思いをしました。お盆に8つ下の従兄弟と海に行く途中、墓地の脇の道を通ったら、いきなりオレンジ色の炎が出てきたのです。まだ明るい時間帯でしたが、「ぎゃあ、火の玉や!」と小学校低学年の従兄弟の手を引っ張りました。火の玉はちょっとのあいだ追いかけてきて、フッと消えました。墓のほうから出てきましたから、人《ひと》魂《だま》に違いありません。

小中学生のころの私は、あちらの世界からのアクセスを拒む術を持っていなかったため、常にキャパを超えていました。

〈こんなひどい目に遭ってんの、日本中で私だけやろなぁ。いつまで続くんやろ〉

だれにも相談できず、いまのようにＳＮＳで訊くこともできず、膝を抱え込む毎日でした。

近くの女性霊能者

小銀おばあちゃんは、なにか心配事ができたり不安を抱くと、クルマで10分くらいのところにいる有名な霊能者の女性に視てもらっていました。私の能力は一切信じませんが、霊能力の存在は信じていました。

このときも、娘の旦那が高熱でうなされているということで、なにかあるのではないかと女性霊能者を訪ねました。私も、気の合う叔父さんのことだったので、ちょっと気にはなっていました。

叔父さんはもう何日も熱が続いていて、夏なのにひどく寒がり、病院に行っても「原因がわからない」と言われ、周りも途方に暮れていました。それを女性霊能者はキッパリと、

「海で石かなにか拾ってきたからだ」

と断言しました。

戻って叔父さんに訊くと、海岸で石の灯籠を見つけて形がいいからと持ち帰り、自宅トイレの横に飾ったと言います。これが原因みたいです。そして、霊能者のおばあさんの言うとおり元の場所に返しにいったら、熱が下がってコロッと回復しました。

このように小銀おばあちゃんは、私と折り合いが悪いだけで、親戚やご近所的には面倒見のよい朗らかな女性として通っていました。

私のよく知っている2つ上の男の子が突然、バイク事故で亡くなったときも、知らない仲ではないということで、17歳の息子さんを亡くして途方に暮れている母親に寄り添いました。

〈あぁ、こんな感じで亡くなったんや〉

私は映像が勝手に飛び込んできて、即死だったことがなんとなくわかります。

小銀おばあちゃんは、自宅で憔悴《しょうすい》しきっている母親に同情しつつも、

「あんた、これ、子供さん、帰ってきてないよ」

と忠告しました。〝魂〟が事故現場にとどまったままだと言うのです。

小銀おばあちゃんにそんなことが言えるだけの霊能力などあるはずないのですが、ちゃんと視えているように言います。いつもお世話になっている女性霊能者の請《う》け売りとも思えない口ぶりです。

ともかく、小銀おばあちゃんは故人宅に来ていた僧侶に事情を話し、事故現場に行ってもらい、〝仏さん〟を家に連れて帰ってくるように頼みました。

しばらくののち、僧侶が戻ってくると、小銀おばあちゃんは「帰ってきたよ〜」と連れてきた仏さんと、到着を待っていた母親に知らせました。

その声を聞いて椅子から腰を上げた母親に異変が起きました。立てません。見えない力で上から押さえつけられているようです。

〈おぉ、息子さん、乗ってはるわ〉

母親の背中に息子さんが覆い被さり、肩に手をかけて、おんぶのようになった映像が、私

の開いた弁から飛び込んできました。

七人ミサキ

高知には「七人《しちにん》ミサキ」という伝説があります。海で命を落とした者たちが7人組で浜辺や海岸に現れ、それを見てしまった人は高熱を出して死んでしまうという言い伝えです。そして、死ぬと7人組に新たに加わり、代わりに元の7つの霊のうちの1つが成仏するとか。

私の暮らしていた町の近くにも交通事故がよく起こる場所があり、七人ミサキの仕業《しわざ》だとされていました。

父がその七人ミサキに遭遇したことがあります。

父は船に乗って1年中カツオを獲っているのに、趣味が魚釣りという人。休みのその日も、ひとりで夜釣りに行きました。イカ釣りです。帰ってきたのは明け方。

帰宅した父の行動がいつもと少し変わっていることに気づいたのは、小銀おばあちゃんです。わが子のことですから、母親の目にはちょっとした違いも映ります。

「なにか異変が起きている……。おかしい、尋常ではない」

そう感じてすぐさま馴染みの女性霊能者に視てもらいました。すると、霊能者のおばあさん曰く、

「海岸に行って、なんか仏さん、本当にたくさん連れてきたなぁ」

事故が多発する場所は海岸沿いの道です。近くに港があり、父はそこに行っていました。

私は、事故現場に霊魂がとどまっているために起こるのが、七人ミサキという現象ではないかと思いました。迎えにきてもらえない仏さんが大勢そこにいて、父についてきたのです。

小銀おばあちゃんは、これまでにも何度か霊関係の対応・処置によって問題を解決してきました。

〈もしかすると、小銀おばあちゃんも、私と同じように視える人なの？　もしそうだとすると……〉

私の能力をひどく嫌うのは、自分の〝血〟を引いている者への近親憎悪から来ているのかもしれない、そう思いました。

30万円

予想どおりでした。

「高校へは行くな」

小銀おばあちゃんは中学3年生になった私に命令してきました。

大阪の母に伝えると、「もう、こっちにおいで」と言ってくれました。

母の再婚相手も賛成してくれましたが、弟をひとり残していくことはできません。母には高知で頑張ることを伝え、小銀おばあちゃんの説得にかかりました。

「なんで行ったらダメなの？」と聞くと、

「お前はとにかく頭が悪いから」

と平気な顔で言います。正信おじいちゃんも、

「アホだからお前なんか試験に通らない」

と反対してきます。

〈なんちゅうことを言うねん！〉

高校進学は譲れません。内申書もよく、落ちる要素はないのです。「絶対に行く！」と主張すると、

「女は高校に行くもんじゃない、親不孝者！」

と罵られ、

「いずみ（父）に迷惑かけるな」

と言われました。高校に行かせるお金を惜しんでいるのです。「高校に行かずにどうしろというのか」と食って掛かると、

「嫁に行け」

「じゃなきゃ働け」

と言い放ったのにはさすがに呆れました。

〈絶対に小銀おばあちゃんたちの言うことは聞かない〉

そう決心して、どうすれば進学費用が作れるかを考えました。

私は父が乗っている遠洋漁船の親方に相談しようと思い、自転車で家に向かいました。父に何度か連れていってもらいよく知っています。在宅していた奥さんに事情を説明しました。

「私、高校に行きたいんです。そのお金をどうやったら用意できるか、いくらかかるかもわからない。いっぺんお父ちゃんに聞きたいんですけど、お父ちゃんがいてへんから……」

そう話すと、奥さんは「わかった」と言って、「30万円あったら大丈夫ね」とポンと貸してくれるではないですか。

〈えっ、ほんま？　やったー！〉

自宅に帰った私は現金30万円を小銀おばあちゃんの前に差し出して、「これで高校に行くからね」と伝えると、目を見開いて、

「なんだ、このお金？　盗んできたか」

と真顔で言いました。このときばかりはさすがに大声が出て、

「よくそんなことが言えるね！」

と叫び、その場で親方の奥さんに電話をかけ、説明してもらいました。

こんな小銀おばあちゃんの言いなりになる父が歯がゆくて、私は次に帰ってきたときに辛辣《しんらつ》な言葉を投げ掛けました。

「お父ちゃん、あんたね、自分の人生ね、おばあちゃんの言いなりで、楽しかった？」

私の6歳から15歳までの10年間の人生は、そう言わずに黙っていられるほど甘いもので

はなかったのです。

「お父ちゃん、私はね、あんたの娘に生まれてよかった。あんたは、私が高校を卒業するまで仕送りしてくれたらいいじゃない」

すると父は、「わかった」と言ってくれました。

ちゃんと言ってよかったと思いました。

30万円のなかから制服の仕立代を出し、父に着て見せました。

逃げない

中学時代は体育委員でした。主な役目は、全校生徒が集まる朝礼の際などに、きちんと整列させることです。

同級生や先輩など、150人もの目が私を見ます。初めてのときは、いままで経験したことがないほど緊張して、足がガクガクしました。同じ体育委員のなかには耐えられずに、自分の当番のときに「お休み」してしまう子もいるほどです。

でも、私は緊張も恐怖も拒絶せず、受け入れることにしました。また必ず襲ってくるのだから、もう慣れるしかないと思ったのです。

〈ここで辞めたら女が廃《すた》る〉

13歳ながら、そうも思いました。

なんとか辞めずに踏ん張りつづけて、その恐怖を乗り越えたとき、別な世界に出会えた気がしました。

〈なんやこれ。なんか知らんけどウキウキするわ〉

達成感とともに、今度は楽しくなっちゃったのです。

結局、体育委員は3年間続けました。部活動のバスケットボールも3年間やり遂げました。部活を引退した中3の夏休みはアイスクリーム売りのアルバイトをして一日5000円稼いだりしました。

中学3年間で学んだことをひと言で表すと、「どうせ逃げられないから、逃げるな」ということです。

たとえば境遇。人生はいろいろだと思います。親がいないとか、とても辺鄙《へんぴ》な田舎に住んでいるとか、貧乏だとか……。確かにそれは子供の力では変えようがなく、逃げようもありません。

ただ、「そのせいで」というのは、ちょっと違うのではないかと思います。親や人のせいにする人をたくさん見てきましたが、そうではなくて、「全部自分のせい」と思えばいい。現実を受け入れたらいいのです。「そのせいで自分は勉強ができない」と言い訳にするのではなく、「だからせめて勉強くらいはしっかりするぞ」と決めて踏ん張ることです。

私は、高校に入っても3年間、部活動を続けると決めていました。そして、女子にとっては一番厳しそうなハンドボール部を選びました。男子と合同練習なのです。

毎日午後4時から練習し、脱臼もしました。歯も折れました。それでも、荒海で体を張って頑張ってくれている父を思いながら、最後までやりきりました。

〈自分の体を酷使することも学びや〉

高校の3年間だけという期間限定だからできたことかもしれません。

覚えているのは毎週土曜日のこと。授業は午前中で終わり、午後は部活動。夕方までバテバテになるほど練習してバスに乗って午後8時前に帰宅すると、すぐにご飯を食べてお風呂に入り、目覚ましのタイマーを夜中に鳴るようにセットして寝ていました。『笑福亭鶴光のオールナイトニッポン』を25時（日曜日の午前1時）から聴くためです。鶴光を聴きながら勉強して朝を迎えていました。

そんな慌ただしい毎日でしたが、アルバイトをしてみたくなり父に相談したところ、「ダメだ」とひと言。

「じゃあ、もっとお小遣いちょうだい！」

とお願いしたら、毎月1万円くれました。

「お前にはもう苦労させられないだろう……」

第3章 霊能力開眼、畳の上での修行

18歳の花嫁

一刻も早く家から出たいと思っていました。

とにかく小銀おばあちゃんから離れたかった。

だから、卒業後は生まれ故郷の大阪に戻って就職するつもりで、高校3年時にデパートの入社試験に合格、採用通知を受け取り、繁華街にある人気店で働く準備にとりかかっていました。

私は仕事をするのが大好きな性分ですから、働きはじめたら、きっと中途半端なことはせず、同期のだれにも負けないキャリアを積むことが第一になり、結婚はしないタイプだと自認していました。

中学1年生のときに、

「うわ、背が高くて格好いい！　私、この人と結婚するんやろうなぁ」

と直感し、高校2年生のときから付き合っている梨岡照広さん（8歳上）は、地元で働いているため大阪には来られない様子。別れが選択肢として浮かび上がってきました。

就職してお別れするか、就職せずに照広さんと結婚して池内家を出るか。

〈……〉

私は大好きな男性との将来を選択しました。

照広さんが東京に行く夢を持っていたのも決め手の一つです。照広さんは、高校時代の恩師である大竹眞澄先生が東京で立ち上げた授産所（障害者などの就労支援施設）の手伝いに、「ふたりで来てほしい」と呼ばれていました。照広さんは、

「行くよ。絶対に行く！　一緒に東京に行こう」

と言っていました。

結婚に惹《ひ》かれたもう一つの理由は、梨岡家が大家族だったことです。母がいない私は、父が漁に出てしまうと、とても寂しい毎日でした。

確かに、物には恵まれていました。父は自転車も、時計も、洋服も、欲しいものはなんでも買ってくれました。でも、子供は物ではなく愛情が欲しい。まだ高校生です。親の優しさに触れたいのです。それが梨岡家にあるように思えました。

私はデパートにお断りを入れ、嫁入りする道を選びました。

これが以降、29年にわたる〝畳の上の修行〟の始まりです。

仏壇で

梨岡家に結婚の挨拶に伺ったときのことです。

お宅には何度かお邪魔していましたが、仏壇に手を合わせるのは、この日が初めてでした。

事件は、正座して拝みはじめた瞬間にやってきました。鉄筋が縦に貫通したほどの衝撃を首に受けたのです。「ぎゃあ！」と悲鳴が出るほどのインパクトでした。

私は〝犯人〟が遺影の男性だと思い、隣りに座っている照広さんに声を潜めて、

「この写真の人、だれ？」

と訊《き》くと、「祖父」と答えます。

「どういうおじいちゃんなの？」

と訊くと、

「なんでお前に関係あるの？」

と言って話を終わらせます。私はなんだか怖くなったので、隣りに置いてある女性の遺

影に挨拶することにしました。

と、今度はいきなりぶっとい針が胸に突き刺さりました。痛くて息ができません。

「ちょっと、この女の人はだれなの？」

強い口調で尋ねると、「お前には関係ない」とけんもほろろ。だれかもよくわからないし、手を合わせると痛い目に遭うしで、もう仏壇に挨拶できません。

〈なんなん！　ま、ちょっと落ち着こ〉

トイレに行く前に通った洗面所の鏡には、恐怖と痛みで茹でダコのように火照った顔が映っていました。その顔は、そのあと6カ月も治りませんでした。

初めて遺影から霊障を受けたのは、高校1年生のときでした。同級生の家に招かれて仏間に通され、遺影が視界に入った瞬間、どのようにして亡くなったか、そのときどんな思いだったかなど、故人の情報が飛び込んできました。

それ以降、仏壇には何度も怖い思いをさせられました。苦しんで亡くなった方の遺影が目に入ると、ゲップが始まって止まらなくなったり、終末期医療で胃ろうしていた方の写真が視界に入ると、胃がチクチク痛みはじめたり。

だから、友だちの家に遊びにいく際は、事前に家のなかを透視して、仏壇や遺影があることがわかったときには、「亡くなった方の写真が飾ってあるよね？」と尋ね、その部屋に自分は入れないことを伝えてからお邪魔していました。

ずいぶん日が経って照広さんから聞いた話では、義祖父は住んでいる山から下りて村の寄り合いに参加し、お酒を飲んでの帰り道、電柱を何本か置いた橋を渡っているときに谷に落下、首の骨を折って亡くなったとのことでした。

仏壇にあった写真の女性のほうは、義父のお姉さんでした。石川県の旅館で働いているときに心臓発作で亡くなったと言います。

その激痛が全部、私に現れました。あの世に行ったら痛みは感じないとされていますが、違うのではないかと思いました。

故人が苦しみや痛みを訴えてくるという私の実体験から言えることは、「あの世に行っても視覚、聴覚、触覚、味覚、嗅覚という五感は機能している」ということです。世間一般の常識からは外れています。でも、それが真実だと思います。逆に言えば、「あの世に苦はない」という、その根拠はなんですか？

そういう意味で、供養の目的の一つは、故人があの世に行っても持ちつづけているマイナスの感覚を取り払ってあげることです。「しんどかったね」「痛かったよね」「頑張ったね」と。

梨岡家は毎日、朝と晩に義父が念仏を唱える熱心な門徒で、法事のときはお坊さんが5人くらい来て立派な法要を行っていました。それでも遺影のふたりは私に強烈な痛みをもって訴えてきました。

「おじいちゃんも、おばちゃんも、成仏できてないから、供養してあげたら?」

そう照広さんに話すと、私の霊能力に無関心なこともあって、

「お前、ふざけたこと言うな」

と叱られました。

「あれだけちゃんとしているのも知ってるだろ!」

それは、形だけではないかと思います。

親戚の法事を思い出しました。何回忌かでお寺に行った際に、先に法要を済ませた家族が帰途に就くのと入れ替わりで、うちの親戚の法要が始まりましたが、仏飯はそのままでした。カピカピに乾いたご飯が、当たり前のように置かれているのです。お坊さんだけが入れ替わり、仏飯を使い回して、供養していると言えるでしょうか。

一番いいのは、故人の命日のときなどに、離れて暮らしている身内が仏さんのご縁で集

まって、みんなで偲《しの》ぶこと。それも仏壇が置いてある部屋が最適。私は位牌《いはい》主義ですから、仏壇に位牌という指定席を用意して仏さんに来てもらいます。そして、

「あのとき、お母ちゃんはこうだった」

「これオヤジが好きやった酒」

と故人の話で盛り上がると仏さんは本当に喜びます。法事の最後に参加者が飲食をともにする「お斎《とき》」「直来《なおらい》」が最高の供養なのです。

葬式も自宅でやればいい。棺桶と遺影、灯明《とうみょう》、線香、花、お香、供物があって、お坊さんにちょっと来てもらってお経を読んでもらうだけで十分。なにも葬儀場でセレモニーにお金と時間をかける必要はありません。

新婚初夜から

嫁ぎ先に挨拶に伺った際に受けた霊障は、なにかを暗示していたのかもしれません。

「つべに陽《ひ》が当たるまで寝ゆんか！（お尻をお日様が照らすまで寝ているつもりか！）」

初夜を過ごした明《あ》くる朝5時、義母は襖《ふすま》をガーッと開けると、布団のなかの私たちに大声を浴びせました。

結婚生活は実家暮らしの照広さんの部屋で始まりました。新婚旅行に行く暇はなく、式の翌日から〝働き手〟として期待されていました。でも、梨岡家のスケジュールやルールを夫から聞かされていなかったこともあり、怒鳴られてもどうしたらいいのやらわかりません。

〈私、えらいとこに来たな……〉

これが1日目の朝の感想です。

〈なんでこんな早く結婚したんやろ〉

自分でも信じられませんが、結婚翌日に自分を恨みました。

〈結婚して家を出ても、これまでと同じで荒波を越えてゆく人生やん〉

ただ、目的地はわかりません。目標がなにかもわかりません。

梨岡家は、私の育った池内家からクルマで10分くらいのところにあります。生き物相手の家業を営んでいることもあって、ライフサイクルは豚優先の慌ただしい毎日。私は明け方から10人分近い朝ご飯をつくり、片付けを終えて掃除と洗濯をこなすともうお昼ご飯の準備。午後は義父から与えられた仕事をこなし、急いで買い物を済ませて、干した洗濯物を取り込んで畳み、晩ご飯の準備にかかります。好き勝手な時間に弁が開く霊能力もあって、睡眠時間は常に不足気味で、程なく体が悲鳴を上げはじめました。

「1週間に一度でいいから休みをちょうだい」

そんな願いも夫に一蹴《いっしゅう》され、

「1カ月に一度でいいから休ませて」

と懇願しているところに妊娠が重なり、丈夫だった私の体はどんどん衰弱していきました。特に腎臓がダメージを受けて、産婦人科医から堕胎《だたい》を勧められるほど。それでも難産のすえに子宝を授かり、長男「しんご」を未熟児から育てていきました。

ただ、産後も私の体調は回復しません。

〈クルマを運転するのもしんどいわ〉

生後数カ月の長男を乗せてスーパーマーケットに行ったときのこと。寝ているしんごを買い物カートに入れて義母から頼まれた食材を探していると突然気分が悪くなり、耳の奥がボ〜ンと鳴ったままになりました。半分意識を失っていたのでしょうか、「京美！　京美！」とちょうどレジを担当していた同級生から叫ばれてハッとして見ると、カートに載せたしんごが落ちていました。

〈もうあかん。限界や〉

家に戻って2階に上がって休ませてもらおうとすると、横になった途端に吐き気をもよおし、次いで天井がぐるぐると回りはじめます。

〈これは、ちょっと……死ぬんかも〉

そんな私を見下ろしながら義母は言いました。

「体が丈夫って聞いていたのに、嘘《うそ》つき。小銀に騙《だま》されたわ」

しんごの授乳が上がるころには突発性難聴に襲われました。3日休ませてもらってもよくならず、耳鼻科に行くと即入院、2週間過ごしました。それでも完治せず、2年後に長女が生まれて3カ月が経ったころに再び見舞われ、今度は手術して1カ月の入院となりました。

一族全員が、「この生活スタイルが普通」と思っています。本気で体調不良を訴えても、「芝居するな」と笑われました。夫は私が倒れて入院して、やっと大変さをわかってくれたようです。

私は子育てと家事で忙殺されるうちにホームシックになり、なにをしていても勝手に涙がこぼれるようになりました。

異常に気づいた大阪の母が、「サポートに行く」と言って、22歳の暮れに高知に来ました。母のことはまだ許せていないものの、長男と長女を連れて空港で迎えると涙をこぼしました。

〈うれし泣きかな？〉

少し誇らしくありましたが、あまりにも泣き止まないので、

「どうしたん？」

と聞くと、

「なんであんたそんな……」

と不憫《ふびん》そうに見ました。疲れ果ててやつれた娘が可哀想になったのでしょう。言われてみれば、みすぼらしい服装でした。

〈確かに、服はもう何年も買うてへん〉

梨岡家からの初任給3万円では足りず夫の給料で洋服を買ったとき、義母に散々イヤミを言われました。母は私をこんな格好で外出させる夫の甲斐性のなさも感じたと思います。

私がそんな扱いですから、「出来の悪い嫁の母親」が大阪から来たといって、梨岡家一族にもてなすつもりなどありません。母は何人かに向けてお歳暮を持参し、お年玉もたくさん用意して、1週間の予定で来ましたが、接待どころか初日からぞんざいな扱いを受け、

「あんたの苦労わかるわ。お母さんもう帰るわ」

と根を上げて1泊で帰阪しました。

「あんな、もう大阪戻っておいで」

その後、24歳で次女「りえ」を産んで3カ月くらい経ったときにも応援に来ましたが、このときも1晩泊まっただけで帰阪。

母が高知に来ることは、もうなくなりました。

身内以上

義母から言われてその女性に会いにいったのは、長男が生まれて初めての春でした。義父の遠い親戚にあたり、私は一度だけ会ったことがありますが、話したことはありません。

その「シノおばさん」が義母に、

「あんたとこの嫁さん、ちょっと私のところに遣いにこさせてくれんかなぁ」

と電話をかけてきたのが始まりです。

私は長男をおんぶして伺い、どんなお手伝いをしたらよいかと訊くと、

「初節句のお祝いをしたい方がいるので、一緒に選んでくれないか」

とのこと。クルマを運転して家具屋に着くとシノおばさんは、

「どれが喜ばれるやろ？」

と尋ねてきました。

「これがいいと思いますよ」

と20万円くらいする鎧《よろい》・兜《かぶと》がセットになった五月人形を指差すと、

「そうやね」

と言って即購入。そして、

「これ、梨岡家に持っていって」

まさかのお祝いに思わず「えーっ！」と声が出て固辞しましたが、梨岡の内孫で男の子であること、自分もいつかこの子の世話になるかもしれないこと、そして、「お金は死んだ

ら使えない」と笑い、配達の手配をしました。

こののち、シノおばさんはしばしば義母に、

「嫁っこをちょっと来らしてくれんかな？」

と電話をかけてきて、伺うと、

「余分におかずを作ったから持っていって」

とポークソテーなどの手料理を分けてくれたり、スーパーに連れていくと魚屋でブリを丸々1本買って捌いてもらい、自分は1～2人前の切り身だけを取って、あとは全部くれたりしました。

「京美ちゃんなぁ、あんた、しゃもじで、こたえかされてるなぁ（虐《いじ》められているなぁ）」

あるとき、お宅に呼ばれていくと、食べたいなぁと思っていた大好物の海老フライを揚げながら私にそう切り出し、

「あんた、継子《ままこ》されてるやろ。身と皮の話やねん」

と言いました。

確かに、義母から食べ物で差別されていました。義母は自分の息子は可愛くても息子の嫁は赤の他人。私が一族のためにいくら料理の腕を奮っても、義母が食卓に並べる段にな

ると、私には魚の身はなく皮だけが来ます。刺身もみんなが5切れのところ2切れ。私は味に加えて目でも楽しめるように料理しているのに、テーブルが狭くて置く場所がないからと言って小さな器に一緒くたにして私の前に置きます。シノおばさんは、なぜかそのことを知っていました。

ちょっと涙が出ました。

それ以降も病院に乗せていくたびにお小遣いをくれたり、子供の誕生日のお祝い、お正月のお年玉と、身内以上の優しさで接してくれました。のちに聞いた話では、その病院の待合室で隣りに座った高齢女性に私の話をしたところ、相手は小銀おばあちゃんだったそうです。

封印

その霊能力者に会いにいったのは、長女「さとみ」を21歳で産んだ翌年のことです。

紹介してくれたのは、私を小さいときから可愛がってくれた「シチおっちゃん」という近所のダンプの運転手。シチおっちゃんは、年の離れた看護師さんと結婚したばかり。私は奥さんと年が近いこともあって仲よくなり、新婚家庭にお邪魔したり、奥さんとカブに乗って山道をドライブしたり、唯一の友だちと言っていい間柄になりました。

そんな、なんでも話せる奥さんに、私は子供のころからずっと抱えている霊能力のことや、常に体調が悪くてしょっちゅう入院していることなど、夫やほかの人には言えない悩みの数々を打ち明けました。

すると、奥さんが、「実は、私も子供のころ……」と話しはじめました。あまりにも体調の悪い日が続き、高熱も頻繁に出るため、親に連れられて不思議な家に行ったと言うのです。そして、そこにいた高齢の女性から衝撃的な内容を伝えられたそうです。

「小さいころにお母さんと一緒に参列したお葬式で、私が笑っていたらしいの。自分では覚えていないのだけどね。『それで具合が悪くなっているんだ』って言われた」

その場でお祓《はら》いをしてもらい半信半疑のまま帰ったところ、次の日から体調が戻ったという話です。

「京美ちゃんも行ってみる？　案内してあげるから」

私は迷うことなく、「うん、行く」と答えました。なんにでもすがりつきたかったのです。

「あんたはなんで結婚した⁉　あんたは結婚したらダメな人なんだよ」

おばあさんは名前を訊くことなく、生年月日を尋ねることもなく、生後3カ月のさとみを抱いて訪れた私にいきなり断言しました。

おばあさんが言うには、私は〝こっちの道〟に入らないといけないのに一般家庭に行ったのだそうです。だから、こっちの道で使うはずだった能力を封印しなければならず、そうしないと「子供がダメになる」と言います。

〈う～ん、なんとなく納得がいく話やな〉

封印を受けることにしました。

おばあさんは長女を抱いて座る私の後ろに回り、背中に向かって、なにか儀式みたいなものをします。5分、10分、15分が経ちます。私は義母に、「病院に行って、そのあと買い物してくる」と嘘をついて来ていました。1時間で戻らないと叱られます。でも、終わる気配はありません。

〈あかん、もう帰らんと……〉

30分が過ぎて、私が「あの～、すみませんが」と声をかけると、ちょうど終了のタイミングだったのか、

「よし、たぶんこれで大丈夫。あんたはもう40歳まで大丈夫だ」

と自信満々の顔で言ってくれました。

それから、確かに楽になりました。とは言っても霊能力は完全に消えたわけではなく、40歳になるまでのあいだ、しばしば現れました。

グレイ

結婚当初は梨岡家の本家で義父母と一緒に暮らし、長男が生まれてからは、歩いて数分のところで生活を始めました。義父が一軒家を用意してくれたのです（ほとんど寝に帰るだけでしたが）。

山の頂上近くにある自宅周辺は空気がとても澄み、青空は手が届きそうなほど近くに見え、晴れた日の夜空はそれはそれはきれいでした。流れ星がいくつも走り、宇宙ってこんなに美しいんだと見惚れるほど。つらいことがあると、縁側に座って満天の星空を見上げながら、大阪の母のことを思い出していました。

結婚して10年が経っても、変わりませんでした。28歳になっても母が恋しくて、許せないけど会いたくて、だけど大阪に行く余裕はありません。時間がないし、お金もない。私は夫と子供が寝静まってからひとり縁側に出て、夏の夜空をぼんやりと見つめていました。

〈自分が決めた人生って、こんなひどいもんやったんかな？〉

星が本当に明るくて、いくつかが煌《きら》めきます。

と、そのとき、星と思って見ていたものが急にオレンジ色に変わり、ものすごい勢いでクルクルと回りはじめるではないですか。蛍光オレンジ色をした物体が、激しく右回りに回転しながらどんどん近づいてきます。

〈UFOやん！〉

と思った瞬間、目の前に3歳児くらいの〝人〟が立っていました。身長1メートルほどのシルバー色の〝人〟です。口はなく、小さな鼻がちょこんとあり、大きな2つの目は、オカルト系の本やネットで検索すると出てくる宇宙人「グレイ」と同じくちょっとつり上がっています。私は咄嗟に、

「行かないよ、行けないから！」

そう言いました。誘拐されると感じたのです。

「まだ、することあるから。しないといけないことあるんだから!」

「ブーン、ブーン」

小さな音が返ってきます。低周波の不気味な返答です。

「だから帰って!」

キッパリとそう口にした瞬間、グレイは消えました。

手の届くところに未知の生物がいるのに、途中からは怖くありませんでした。興味津々にもなっていました。

その後はUFOも宇宙人も来ていません。

夫の子育て

夫は長男が小学2年生になって以降、悪さをすると体罰を与えるようになりました。竹の棒で叩くのです。お尻などにアザができました。

長男の足をロープでくくり、逆さまに木に吊して半ば気絶させたことがあります。それだけではありません。下からライターで火を点けて炙《あぶ》りました。意識が戻った長男は髪の毛が燃えそうになり、必死の形相で体を海老反りにし、少しでも炎から逃れようともがきました。夫が本当に火を点けた瞬間は、いまでも忘れられません。躾《しつけ》という名の虐待。私は長男を連れて逃げ出しました。

次第に長男は恐れおののくようになり、あるとき、友だちの家に遊びにいって帰る時刻に夫が迎えにいくと、ひどく脅《おび》えたそうです。

その家のお父さんが言いました。

「おい、テルよ、お前、子供になにしたがな？」

体罰を受けることのあった次女も、いつしか長男に続いて大人の顔色を見る子供になりました。

我が家の夕食の時間はまるでお通夜。黙々と食べるだけです。夫は1歳から正座をさせ、行儀が悪ければパチン。

これでは子供がおかしくなると思い、私は食べながら話しかけるように務めましたが、夫の意向で1歳のころからそういう躾をされているため急には変われません。しゃべりながら食べられるようになったのは、ずいぶん大きくなってからです。

私を「嫁っ子」と呼ぶ義父「せいいち」はとても有能で、養豚業を一代で年商1億円を超えるまでに育て上げ、地元農協でも重責を担っていました。大勢の前で一つも緊張することなくスピーチする姿などは本当に立派で、話も聞き惚《ほ》れる内容でした。どういう教育方針だったのかを詳しく聞いたことはありませんが、体罰はないものの、悪さをすると朝まで正座させられたと夫から聞いたことがあります。大正9（1920）年生まれのたたき上げ。甘いものではなかったようです。夫はそんな尊敬する父親を、体罰を除けば、真《ま》似《ね》ただけだったのかもしれません。それもあってか、保育園から中学校まで、たびたび推挙されてPTAの会長に就き、経験を積むうちに子供への向き合い方も変わっていきました。

離婚の危機

18歳で妊娠して19歳で長男を出産、20歳で妊娠して21歳で長女を出産、23歳で妊娠して24歳で次女を出産という結婚生活6年。

この間、養豚業は右肩上がりで伸び、豚舎をリニューアルして広げたりと、夫は子供たちと遊ぶ間もなく働きました。また、創業者である義父が胃がんの手術をしたこともあって役割が増え、念願の東京行きは立ち消えになりました。私は妊娠・出産・子育てに加えて事業の手伝いという毎日のなか、「仕事を軌道に乗せたら東京へ行く」という言葉を信じていました。でも、現実は家業を継がなければならない状況、東京で暮らす夢は泡と消えました。

子育てと女中のような生活のうちに過ぎていった20代。

30歳のとき、離婚を模索しはじめました。

私は父が戻ってきている実家に、小学校が夏休み中の長女（4年）と次女（2年）を連れて帰りました。1週間ほど梨岡家を離れ、父とゆっくり話し合おうと思ったのです。結婚して10年超、これが宿泊を伴った初めての里帰り。

父は初めは黙っていましたが、半日もしないうちに梨岡家に、

「迎えにこい」

と電話を入れました。

夫が1度、2度とやってきました。

3度目で戻ることにしました。

私は絶対に己に勝つ、そう思いました。

〈ここで梨岡家から逃げたら負けだ。自分に負けたくないし、だれにも負けたくない。それに、私が離婚して出ていったらだれが喜ぶかといったら、一番喜ぶのは……〉

離婚をして3人の子供に寂しい思いをさせるのも避けたかった。親のいない寂しさは、身に染みて知っています。

なぜこれほどの試練がやってくるのか。

幼少のころから父は長期間の漁、母は大阪と、両親が揃っておらず、小銀おばあちゃんから与えられる理不尽な要求を一個一個クリアしてきました。それらは決して終わることなく、次から次へと大波のようにやってきます。一刻も早く家を出たくて高校卒業とともに結婚したら、嫁ぎ先の梨岡家の義母に、これまで以上のハードルを課されました。

試練・鍛錬をもたらす結婚を、無意識のうちに選んでいたのです。

素敵だと感じた夫の魅力。それとは別の梨岡家のもう一つの魅力。そちら魅せられたのは私ではなく、お腹の赤いアザ。この結婚は、〝こっちの道〟に入る女のDNAに刻まれた定めでもあったのです。

そのことを理解できたときに湧き上がってきた感情は、とても意外なものでした。

〈小銀おばあちゃんに会いたい〉

あれだけ嫌だったのに、懐かしくて涙が出ました。小銀おばあちゃんの煮物が食べたいと思いました。

嫁ぐ前まで、小銀おばあちゃんは私のことを「もの覚えが悪い、頭が悪い」とけなすばかりで、一度も褒《ほ》めてくれませんでした。英語のテストで100点を取って帰ってきてもひと言もありません。

ただ、外の人には、反対のことを言っていたようです。私の知らないところでは褒めていたと、あとになってから知りました。私が嫁いでしばらくは、よく泣いていたとも聞きました。近所のお店の方が教えてくれたのです。思い返せば、雨の日には学校まで傘を持ってきてくれました。授業参観は一回も休まず必ず来てくれました。

子供だった私は一面しか見ずに、心の内を知らずに、「あんたの言うことなんて絶対に聞かない！」と突っ張っていました。小銀おばあちゃんも意地を張っていたのでしょう。

私が32歳のとき、小銀おばあちゃんは亡くなりました。

その1年後、父が亡くなりました。二度の未遂のすえ、自ら命を絶ちました。

父の自死を遠洋漁業に出ている弟に知らせるべく電話をかけると、しばし絶句したあと、

「そういえばお姉、きのう船上で作業をしていたら、どこからともなく『ノリ、バイバイ』という親父の声が聞こえてきたよ」

と言い、ふたりで嗚咽《おえつ》しました。

自殺した父のことを理解するのに、ずいぶん時間がかかりました。

〈自分の子供じゃなくてよかった、夫じゃなくてよかった〉

そんなふうに、受け止め方をいろいろと模索しながら消化できたのは、2年後のことです。

私には、もう頼れるものはなにもありません。

離婚せずに梨岡家で120%の力を出し、人の倍どころか5倍働いて、生きることだけが目標の生活を誓いました。

理解者

私は昔から、あちらの世界に関係している方々から気にかけてもらうことが何度かあり、高校1年生のときは高島易断の先生が1回500円で診てくれたことがあります。とても品のある顔立ちのおじさんで、見るからに高学歴。

「すごく勉強をされていますね」

と言うと、

「いやいや、高校生のあんたに」

と苦笑い。

「いままで言われたことがないわ」

と謙遜していました。

そこから交流が始まり、趣味で組んでいるバンドの話をしたら、

「練習が終わったらご飯を食べにいこう」

と土曜日の午後にお寿司をご馳走してくれて、いろんな話を聞かせてくれました。最初

から私の霊的な才能に気づいていたみたいで、父に、

「お子さんに易学の勉強をさせたい。責任を持って大学まで出す。ついては養女に欲しい」

と申し込み、大変な剣幕で怒られていました。

結婚が決まると、高校生でしたが事業用の取引銀行を紹介してくれて、特別室に通してもらえたりしました。

24歳で第3子を産んだあとは、「4人目はできたらダメ。次に生まれる子は障害があるか、あなたが障害者になる」と告知されました。

16歳で知り合い、16年経った32歳のとき、亡くなりました。

22歳のときは大夫《たいふ》さんとも縁ができました。

私は長女を産んだばかりでクタクタ。体は冷えているのに、頭はのぼせています。首から下は寒いのに、顔は真っ赤です。そんな様子を見た小銀おばあちゃんが、「ちょっと視《み》てもらっておいで」と紹介してくれたので夜、梨岡家を抜け出して会いにいきました。

大夫さんはまず長男の出産時を霊視し、

「京美さんの最初の妊娠・出産を助けてくれたのは父方の曾祖母《そうそぼ》だ。そのひいおばあさんがいなければ、京美さん、あなたは死んでいたよ」

と言いました。何十年も前に亡くなっている方で、もちろん私は知りません。

大夫さんは、子孫を思う曾祖母の温かい心が伝わってきたのか、涙を浮かべました。

確かに、私は夢のなかでどなたか知らない高齢の女性と何度も会っており、生まれてくる赤ちゃんが男の子か女の子かも教えてもらっていました。

続けて大夫さんは、

「なんで長女を産んで間がないのに針を持ったんだ」

と言いました。出産した病院から赤ちゃんを連れて梨岡家に戻り、すぐ〝お針子〟しなくてはならず、片頭痛と吐き気をこらえながら裁縫をしたのです。うつむいてはいけないそうです。

短い時間しか話せませんでしたが、体調が楽になるように祈祷《きとう》してもらい、帰りました。

後日、小銀おばあちゃんに、夢で会っていた曾祖母の容姿を伝えると、吸っていた煙草をポイッと捨てて、

「なんでお前が知っちゅう!?」

と驚いていました。

大夫さんは、元々は一般人で、5歳のお子さんを交通事故で亡くしてから四国八十八カ

所にある青龍寺を信仰、のちに大夫となり、農家をしながら漁のために海を視たり、加持《かじ》祈祷を専門にしていました。不思議なことや、ためになることを教えてくれて、「新井先生」から「おんちゃん」「ニイのおんちゃん」と呼ぶほど親しくなりました。ニイのおんちゃんは近くで仕事があった際は家《うち》に立ち寄ってくれたり、時にはひと息つきに来たり、家族を連れて遊びにきたこともあります。

ある日、おんちゃんが家に泊まりに来て翌朝、一緒にご飯を食べていると、私を見て首を傾げながら、

「京美なぁ、おまんの頭になぁ、雲がかかっちょるがー」

と怪訝《けげん》そうな顔で言いました。

〈ん？　なに、雲って〉

鏡を見てみましたが、頭に雲なんてかかっているわけがありません。詳しく訊こうとすると、

「おっちゃんにはなんの意味かわからん。考えてもわからん」

と言って仕事に出ていってしまいました。

父が自殺したという連絡が入ったのは、その直後です。

ニイのおんちゃんには長女が16歳になるまでの16年間、すいぶんとお世話になりました。長女が高校1年になったときに亡くなりました。

憑依

30代半ば、子供の空手教室の代表を務めているとき、保護者のお母さんたちとおしゃべりしていたら、

「物部《ものべ》にスゴい方がいるので、梨岡さん、行ってみたらどう?」

と言われました。

興味があったので、まずはそのスゴい方に電話をして伺う日時を決め、住所を聞いて地図で調べてみると、住まいは相当辺鄙《へんぴ》なところにあります。

軽自動車が1台通れるかどうかの細い山道を、這々《ほうほう》の体《てい》で上っていきます。途中で道がわからなくなり、なんとか地元の人を見つけて尋ね、ようやく辿り着きました。

私が訪れた場所、高知県物部(現在の香美市物部町)は、古くから「いざなぎ流」とい

う民間信仰が盛んな村。神の意志を人々に伝える大夫（いざなぎ流の神官）がおり、為近幾樹さんは、その大夫さんでした。

クルマを降りると、小柄なおじいさんが迎えに来てくれました。

挨拶もそこそこに、

「あんたは、えらい視える人だなぁ」

と言われました。

「低級霊は視えんだろう？　だから、命があるんだよ。視えんでよかった。そうやなかったら、あんた死んでるよ」

〈うわぁ、このおじいちゃん、只者じゃないわ〉

確かに、私は視える同業者から、「さっき通ったとこに仏さんがたくさんいてたけど、視えたか？」と聞かれても、「視えなかった」と答えることがほとんどです。その代わり、なにか神々しい感じのものが視え、検証してみると、それは神様だったりします。

為近さんが言う低級霊は、私の場合は意識を集中させないと視ることができませんが、存在は知っていますし、低級霊が憑《つ》いている人は、すぐにわかります。出会った瞬間に「この人おかしい」と感じます。

これは、まだ私の経験値が少なかった40代前半の出来事です。

ある女性の紹介で、九州に住む男性に会いにいきました。

紹介者は先に到着しており、ふたりして私を招き入れると、男性は箱に入れた神様の自慢話を始めました。箱を床に近い位置に置いて、「お祀《まつ》りしている」と言います。

〈なに、これ？　神様なんかいてへんやん〉

私は、視えている現実を伝えました。大前提として神様は上にいるもので、下にはいないこと。そして、あなたの箱には神様はいないことなど、歯に衣着《きぬき》せないで言いました。彼は、

「いや、うちには言い伝えがあって」

と反論しますが、主張がどんどん変な方向に行くので、「もう、帰りますわ」と玄関を出ました。

九州から高知までの帰り道、クルマを運転していると、なんだか気分が優れません。自分の体なのに、自分のものではない感覚です。

〈なにか憑いた、憑けられたんや〉

そう思ったのは、実は紹介者の女性も霊能者のようなことをしており、たぶん、九州の

男性に対して、私とは違う見解を伝えていたのでしょう。都合が悪いというか、面子《めんつ》を潰されたというか、とにかくその女性にとっては面白くなかったわけです。

調べてみると、タヌキを憑けられていました。

これが私にとって最初で最後の憑きものです。

人を陥れようとする人は、間違いなくいます。

赤いアザの真相

人生の大きな転機は、四国で評判の高い霊能者のもとを夫と一緒に訪れた44歳の日です。

70歳の霊能者・石川和子さんは、

「あなた、生まれてくるとき、死にかけてない？」

と語りはじめました。

会うまでは少し猜疑心《さいぎしん》がありましたが、とても能力の高い真っ当な霊能者だと感じました。仮死状態で生まれたことや、母体も危なかったことなど、当時の出産風景をかいつま

んで伝えると、

「生まれつき赤い印とかない？」

と訊いてきました。

ドキッとしました。赤いアザのことはごく一部の人しか知らないからです。私は「あります」と答えて、「ほら、ここに」と服をまくってお腹を見せると、

「あぁ、あなた、これはもう典型的な人ね。約束事で生まれてきてるから、しゃあないよ」

とサラッと言いました。

〈ん？　私は典型的な〝何者〟なの？　だれとの約束事なの？〉

黙り込んでいると先生は追い打ちをかけるかのように、生まれたときから始まった荒波に揉まれる姿を次々に霊視し、

「両親と暮らせなかったね」

「結婚も早かったね」

とズバズバ言い当てます。そして、

「それ、全部シミュレーションどおり。苦労したでしょ」

と微笑み、

「これぱかりは、あなたが受け入れる受け入れないじゃなくて、もう決まっていることだから。私が見たところ、あなたはその宿命どおりに歩いている。だからある意味〝順調〟ってことね」

と言いました。

「あなたの〝仕事〟というのは、苦労をどれだけ消化して、次のステージに行くかという、そういう人生を生きること。あなたは師匠がいないから、あなたがルールそのもの。なにがあってもあなたが答えを引っ張り出せるのよ」

頭が理解できる範囲を超えました。隣でじっと聞いていた夫も、

「いや、先生、うちの家内、そんなんじゃないから。もうね、俺は家内が人を騙さないか心配なんです」

と話を遮《さえぎ》ります。

先生は、自身の生い立ちを語ってくれました。

石川和子さんは母親が霊能者として活動しており、自分はその世界を嫌っていたけど、同じ道に進まなければならない雰囲気のなかで育ったと言います。大人になって、いよいよ雲行きが怪しいと感じた石川さんは、なんとか母親が歩んでいるような人生から逃げよう

と神界に無理難題を突きつけました。

「私をこの道に入れようと思うのなら、須崎市で繁盛している焼肉屋さんを潰してみてください」

すごい条件を出したものですが、焼肉店を経営している会社が3カ月後に本当に倒産してしまったと言います。潰すほうも潰すほうですが、そのぐらい、もう自分の思いどおりには絶対にならないのです。

先生は、

「梨岡さん、あんたも私と同じだから、逃げられない」

と言いました。

「この人生はあんたが選ぶ選ばないじゃなくて、そういう約束事で生まれているから」

〈……〉

「そうじゃなかったら、お腹の赤いアザ、ないから」

東京へ

22歳のときに封印してもらった霊能力は、それまでよりは収まりましたが、以降もちょくちょく発現し、封印が完全に解けてしまった40歳からは、頻繁に視えるようになっていました。石川和子さんに会ったのは、それが日常化しはじめたころで、同時期に私は知り合いの女性から、「そういうこと、相当わかる方だから」と人相学の先生も紹介されていました。

伺った自宅で初めて会ったその方は、ルーペで私の人相をチェックし、

「梨岡さんは、そういう顔をしていないけどな」

と不思議がりました。そして、持ってきた黒いサイコロみたいな六面体を3つ差し出し、

「振ってみて」

と握らせ、言われたとおりに振ると、出目を見て、

「ん？」

となり、

「もう一回振ってみて」

と言い、また出た目に、

「う〜ん」

と唸《うな》りました。


「東京に出てこないか？」

しばらく経ってから、先生は自身が活動の拠点にしている東京・吉祥寺《きちじょうじ》に来てほしいと電話してきました。人相学を学ぶために自分のところに通っている生徒や、相談に来るお客さんを私に紹介するというのです。

先生自身は人相の見方を教えたり、人相学を駆使して相談者にアドバイスするだけにとどめ、浮かび上がったその人の問題を解決に導くのは私の役目とする案です。たとえば、人相学で先祖供養が必要とわかったら、具体的な手法は私が伝えるわけです。

〈これはチャンスやわ〉

この機会を逃したら一生後悔すると思いました。

これまで私は人生に3回あるというチャンスを2回、掴《つか》み損ねていました。

1度目は27歳。

梨岡家でもらえるお金だけでは足りなくて、超多忙でしたが副業で化粧品のセールスレディをしたときです。「梨岡さん、あんた、お店を持ったらいい」とお世話になっている会社の社長に言われるくらい、営業を大の得意としていました。

2度目は37歳。

商工会主催の経営塾セミナーがあり、私はいつか居酒屋を経営したいと夢描いていたため、案内を見た瞬間に〈あっ、これ私！〉と早速申し込んで半年間、毎週日曜日に通いました。

簿記もわからないし、経営のことなどあまり知らないため、参加している経営者の方々に圧倒されつづけました。でも〈負けたくない、逃げたくない〉と頑張りとおし、「マンボウとか、皆さんがあまり食べたことがない、主に高知の地魚を提供したい」と、素材と調理法など店のメニューと経営プランをプレゼンしたところOKが出て、なんと高松信用金庫から融資の話がもらえたのです。喜んで夫に言ったら、「ふざけるな！」と一蹴されました。

3度目の今度は絶対にモノにしたい！

「私、あした、東京に行くから」

夫に言うと、罵声を浴びせられました。

「お前にはできない。東京でなんて、やめろ」

「行ってみないと、やってみないとわからないでしょ。行く前からなんで私にはできないとわかるわけ？　実際に私を選んで呼んでくれてるのよ」

今回は意思を貫きとおしました。

46歳の9月から毎月1回、2泊3日あるいは3泊4日で吉祥寺に行きました。寝泊まりは人相学の先生の事務所です。

そして、都内や近郊だけではなく名古屋に出向いたり、大阪に出張したりして指導。すると、「梨岡さんから言われたとおりにしたら事態が好転した」という口コミが広がり、リピーターが増え、新規の相談者も急増しました。毒舌も気に入ってもらえたようです。

ある日ふと、自分は本当に口が悪いなと思い、相談者に対して、

「いつもごめんね、毒舌ばかり言って」

と謝ったら、

「梨岡先生、だから私は来るんですよ。お世辞言われたって、そんなのなんにもなりませ

ん。梨岡先生はそれでいいんです。嫌な人は来ないから」

そう言われスッキリしました。だから、いまも辛口でやっています。おべんちゃらも使いませんし、同情もしません。特に、同業者にはズケズケ言います。

毎月、高知から岡山に出て新幹線で上京し、ひとり30分で何人もの方々の相談に乗り、セッションに次ぐセッションでほとんど缶詰状態。そうして稼いだお金はすべて梨岡家に入れました。出稼ぎのようでした。

ただ、次第に紹介されるお客さんのなかに妬《ねた》みや僻《ひが》み、嘘、騙し……それらがはっきり視えるほど質の低い方が増え、なんとなく嫌になって身を引くことにしました。

1年もたずに東京の仕事を辞めることを夫に伝えると、

「ほら見てみ。お前はできないんだよ」

「せっかく東京に引っ張ってくれた人を、そういうふうに欺くのか」

など散々毒舌を吐かれ、さすがに私も、

「あんた、現場知らないのに、なに言ってるんだ！」

とちょっと喧嘩になりました。

卒婚

この騒動をきっかけに、再び離婚の二文字が頭をよぎるようになりました。

47歳まで飛び立てなかったのは、やりきった感がなかったからです。いま梨岡家を出たら、中途半端ではないかと考えました。逃げることに思えました。自分に負けたくなくて、完走したくて、外に向けて翼を広げなかったのです。

でも、47歳のとき、ここにはもうやることがない、子育ても終わったし、梨岡家ではすべてやり終えた、そう感じました。

〈50歳手前のいま動かへんかったら、一生後悔する〉

夫の恩師である大竹先生に離婚の意思を伝えると「想定内」とひと言。なんでも、大竹先生は私を新婚当時に見た瞬間、夫に、「おい梨岡、いまこの子はなにもわからないからお前の傍《そば》にいるだけだ。この子がわかってきたらバッサリいく」と将来離婚に至ることを明言していたとか。

47歳の8月16日。離婚届に夫のサインをもらってから10時間後に役所に提出。

29年間働きましたが、貯金は全くできませんでした。ヘソクリもゼロ円です。それは、持参金もなにもなしで梨岡家に嫁ぎ、女中のような働き方をしていたからです。

梨岡家で最初にもらったお金は月給3万円。このころは義父が私たち夫婦の食費など生活費を出し、私の国民年金、生命保険なども払ってくれました。

その後、社会保険労務士が義父に進言して月給7万円になり、子供が大きくなって高校に行きはじめたくらいから私が経理担当になり、月給15万円に昇給しました。働き盛りの35歳が1カ月に丸30日働いて額面15万円です。その15万円になるのに15年以上かかっています。

離婚時の財産分与は考えもしませんでした。お金にしがみつくようなことはしたくなかった。「離婚後も梨岡の姓を名乗ること」という夫の条件を受け入れ、29年前の初任給と同じ1万円札3枚を持って新幹線で上京しました。これが梨岡家を出るときの全財産です。

東京で活動を始めるには部屋を借りなければなりません。でも、敷金、礼金、引っ越し費用、なんのアテもありません。私は自分で守護霊だと思っている方に、

「本当に東京にご縁があるんだったら、仕事をください」

「私がこの世でやっていけるんだったら、お客さんをください」

と伝えました。私にはもうこの道しかないのです。

無茶でしたが、不思議と後押しがありました。2日後、マグロ漁船から下りてトレーラーの運転手をしている弟から、「お姉っ」と電話が入り、

「務めている運送会社の社長が、自社のクルマと社員のお祓いをしてほしいと言っている」

と仕事を回してくれたのです。大阪ではちょっと知られている、社員が30人以上、1台7000〜8000万円するトレーラーが20台以上ある会社です。私は二つ返事で電話を切りました。

次の週の日曜日に全員揃ってもらい、1台ずつ、ひとりずつお祓いしました。もちろん我流です。

いつものように、「あなたは受付の社員さんね」などと勝手に口が動き、祀ってあるお稲荷さんとも話したり、自分でも「エッ?」と驚くような未来の会社が視えて社長さんに伝えたりしました。

とても高く評価してもらい、そのときいただいた70万円で東京での新たな人生をスタートさせることができました。

私は吉祥寺時代に連絡先を交換したお客さんに、人相学の先生のもとを離れたので新たに事務所を開設する旨、通知しました。私を好んで来てくれる方だけでビジネスができたら本望だと思いました。結果、200人の顧客リストのなかで2割、約40名が賛同してくださり、独立してもやっていけそうな雰囲気になったのです。

わずか8カ月でしたが、前年に常連になってくれた方々が次々に新規のお客さんを連れてきてくれたおかげです。男女の比率は4割：6割で、男性の相談者が多いのが女性霊能者としては珍しいようです。

第4章 仏さん・ご先祖様の力とは

〝未知なる力〟の正体

私たち「人」に影響を及ぼす未知なる力の一つは、先祖のエネルギーでしょう。

先祖はこの世での子孫繁栄を願っています。あの世に行ったご両親は、あなたの頑張りと成長に目を細めています。旅立った祖父母も、いまを生きる孫を温かな眼差しで見つめています。先祖はみな、一族の先輩として、尊い命のバトンリレーに陰ながら参加しています。

私事で言えば、前述のように初めての妊娠時に、見たことも会ったこともない父方の曾《そう》祖母《そぼ》「るい」おばあさんに助けられました。

妊娠しても梨岡家はとても忙しくてまともに食事ができず、睡眠時間も十分に取れません。日曜日や祝日も家事に追われ、過労と心労で常に目眩《めまい》と吐き気に襲われていました。あの世で見ていた曾祖母は、これでは命がつながらないと思ったのでしょう。妊娠3カ月目、5カ月目、7カ月目に夢に現れて助言してくれました。

知り合いの社長さんのお孫さんに起きた奇跡も、そういった先祖の力だと思います。

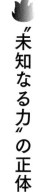

社長さんは、大きな仏壇に対の花を供え、温かいご飯とお茶、いくつかの供物《くもつ》を並べて毎日手を合わせる真面目な紳士です。

ある日、事務所に来て、

「梨岡先生、これ」

と写真を見せてくれました。写っているのは原形をとどめないほど大破したトヨタのクラウン。高速道路上でぐちゃぐちゃです。運転手は間違いなく即死の雰囲気。

「孫のクルマです」

と呟きました。

と、その瞬間、「ん?」と思いました。社長さんは、

「わかりましたか、先生」

と微笑みます。そうなんです、お孫さんはかすり傷で済んだのです。

社長さんは仏壇に手を合わせるときはいつも、無事に過ごせていることを先祖に報告し、感謝の気持ちを伝えていました。それを受け、先祖が縁の下の力持ちをしてくれたのでしょう。それが大難を小難に変えたのではないかと思います。

もちろん、毎日毎日欠かさず手を合わせているからといって、目に見えるような反応を

すぐに見せてくれるものではありません。それをもって、「亡くなった人にお金をかけたり時間を使うのは無駄」と言う人もいますが、全く逆です。いかに手を合わせておくかです。いかに常日頃から感謝の気持ちを伝えておくかです。

まだ霊能者として活動する前の30代のころ、子供が通っている空手教室の保護者代表を務めていて、忘年会を催したときのことです。20歳くらいの生徒を見た瞬間、赤いクルマが事故を起こす場面が頭に飛び込んできました。

「あんた、赤いクルマに乗ってる？」

彼は「はい」と答えます。年末でお酒を飲む機会の増える時期でしたから、

「あんた、クルマの事故、ほんとに気をつけて」

と釘を差しました。

3日後、次の教室のときに彼は、

「京美さん、俺、事故ったわ。スピンして廃車になった」

と申し訳なさそうに言ってきました。

彼に伝えませんでしたが、それだけの事故を起こして無傷で済んだなんて、超ラッキー

です。彼の先祖が怪我を防ごうとしたとしか思えません。

当時、私にはいまほどの能力がなく、事故を起こさないようにすることはできませんでしたが、いまは対応できます。はっきりと「クルマを運転してはダメ」と言えます。

年金

東北地方に住むご夫婦から、「母の年忌《ねんき》法要に来ていただけませんか」と依頼されて伺ったときの話です。

玄関を上がって案内された和室に入ると、着物姿の女性がひとり、こちらを向いてちょこりんと座っていました。仏壇に向き合う私から見ると右前方です。

〈あぁ、これは仏さんやな。成仏できてないわ〉

なにも話しかけてこない高齢の女性を視界に入れながら念仏を短く唱え、お茶をいただきながらご夫婦との雑談に夢中になっていると、老女が声をかけてきました。

「私はね、死にたいのに死なせてもらえなかったのよ」

どうやらきょうの供養の対象であるお母様のようです。亡くなったお母様が娘さんについてなにか言いたくて来ているのです。ご夫婦に目配せしてから、

「なぜですか？　どうしてそんなことになったんですか？」

と問いかけると、

「娘がね……」

と言いよどみます。もちろん、ご夫婦にお母様の姿は見えませんし、会話も聞こえません。

「娘がね、私が死んだら年金をもらえなくなるから」

娘さんは、お母様の口座に振り込まれる年金欲しさに延命措置をとっていたようです。

「早く苦しみから解放されたかったのに……」

お母様はすべての事情を知っていたのでした。

子供はだれでも、「親には一日でも長く生きてもらいたい」と言います。しかし、そう言えるのは、言って許されるのは、親のそばに毎日いて世話をしている子供だけでしょう。そういう方が言うのなら、床に伏している親にも誠意が伝わります。

でも、自分以外に親の面倒を看る人がいて、その苦労を外側から見て、「長生きしてほし

い」と言うのはどうでしょう。さらに、2カ月に一度、親の口座に振り込まれてくる年金で費用をまかない、差額があれば受け取っているとしたら……。たぶん、そういう子供は、病床の親を自分が介護する番になったら、たとえ年金を受け取れなくなるとしても、「自分は無理」と言い、「早く死んでくれたほうが……」と思うようになります。親にとっては、たまらない話です。

でも、これが日本中にある現実で、いつか皆さんそうなる順番が来るのです。

延命

このように、亡くなられた方の供養を頼まれ、自宅に伺うと、故人から突然話しかけられることはよくあります。

依頼人のお父様のケースを紹介しましょう。

亡くなられたお父様は声がありません。生前、喉《のど》になにか造設されて、音が出ないのです。私はそのときのままと思われる、お父様の声ではない声を聞いて会話しました。

「僕はＰＥＧ（胃ろう）ではなくて、ＰＴＥＧ（食道ろう）で食事を取っていました。喉の近くからチューブを通されて、それがヒリヒリと痛くて。最初の何日かはご飯が食べられないほどつらかったですよ。死因は肺炎です。誤嚥《ごえん》性肺炎になったんでしょうね」

このときは、私に異変が起こりました。首の前あたりが突如ヒリヒリしてきたのです。私は〈こういうことか〉と体感し、

「どのくらい、こんなつらい目に遭《あ》っていたの？」

と訊《き》いてみました。

「う〜ん、半年くらいかな」

お父様は、治る見込みのないまま入院を続けていました。生きていても、お父様には意味がない日々です。

「だから、みんなを代表して言いたい。延命治療をしても、自分たちは元気になることはないのだから、やめてほしい。治る見込みはないんだから」

お父様が言うには、徐々に意識が薄れて目が見えなくなり、口がきけなくなったが、耳は聞こえていて、看護師さんの話は全部わかり、死期は知っていたそうです。

「そんな状態なのに点滴を打つ。点滴は寒いんですよ。冷たい水が全身の血管を通って行

き渡るんだから。特に夏は寒い。冬は暖房が入っているし布団が厚いからいいですよ。夏は冷房が効いているうえに薄い掛け布団ですからね。足先まで寒くて、そのうち血管自体が痛くなる……」

お父様の話が終わらないうちに、別の声が聞こえてきました。

これもよくあることで、別の仏さんが割り込んでくるのです。その家の関係者であることがほとんどで、この日はお父様の親、おじい様でした。

「まずはお経を読んでくれ」

と偉そうに言います。

〈きょうはお父さんの日で、おじいちゃんは呼んでへんのに、なんで来るんやろ〉

私は依頼人に、

「お父様と話していたら、おじい様がいらしたよ」

と伝え、要望された読経を始めると、今度は女性が出てきて、

「お経はさっさと読んで！」

「もう、ストップ！」

と言ってきます。

〈次はだれなん？〉

依頼人に尋ねると、

「あ、それは母ですわ」

とのことで、お母様は早くなにかをしゃべりたいようでジリジリしています。

こうなると、お経はいりません。私はお経を子守歌のように思っていますが、この方々には必要ないでしょう。話を聞いてあげればいいのです（お経はその程度のものということでしょうかね）。

お願いは御法度

「延命治療をしても、治る見込みはないんだから」

そう訴えた前述のお父様。

「早く苦しみから解放されたかったのに。死にたいのに死なせてもらえなかったのよ」

そう嘆いたお母様。

亡くなる瞬間までつらい思いをした仏さま方が、仏壇の向こう側にいます。その仏壇に手を合わせ、願い事をするのっておかしくないですか。まだ負担をかけるつもりですか。ここは一番大事なところですので、もう一度書きます。仏さん・ご先祖様にお願いするのは御法度《ごはっと》です。

仏壇の前に座って手を合わせてすることは〝報連相《ほうれんそう》〟の報告と連絡。お父様・お母様が元気だったころにしていたように、

「俺、今度引っ越すよ」

「私、来月結婚することになりました」

と伝えて、新居の間取りを見せたり、婚約者を連れてきて紹介するのです。そして、最後に「お陰様で」と感謝を伝えるのが正しい拝み方。最初に「お陰様で」と言ってもOKです、どちらでも。

がんなどの病気で苦しんで逝《い》った祖父に向かって、あるいは事故で痛い思いをしたすえに亡くなった祖母に対して、「もうちょっと幸せにしてください」などとお願いしている人は考え直してください。そもそも、故人の皆さんは、あの世で修行をしているのです、家事に仕事にと忙しくしていた生前と同じように。

見守ってくれている神様に対しても、当然、「お願い」ではなく「お陰様」。

「お陰様で合格しました。ありがとうございます」

「無事、海外出張から戻ってきました。お陰様です」

依頼、依存してはダメです。

位牌

仏壇や位牌《いはい》は、長男や長女が持つものという考え方が常識化しています。

仏壇は実家にあるから自分の家にはいらない。

位牌は長男が世話しているから次男は不要。

そうではなく、私はせめて位牌は次男であろうが次女であろうが、だれもが作ったほうがいいと皆さんに伝えています。

位牌というのは、仏さん・ご先祖様の指定席です、先祖があぐらをかいて座る座布団です。そこに手を合わせた者が、たとえば、亡くなったお父さんとつながることができるのです。

お父さんだって、子供との相性があります。次男とは気が合うが長男は苦手だ、とか、上のお姉ちゃんより下の娘に伝えたいな、など。

それなのに、お父さんにとって話しやすいほうのわが子が位牌を持っていなかったら、あちらの世界からメッセージを送ることが難しくなります。亡くなったお母さんもそうでしょうし、おじいちゃん、おばあちゃん、曾祖父母、ご先祖様、みんなそうです。

もったいないことです。自分のことを思ってくれる方々からの有益なメッセージを得たいのであれば、位牌は絶対に必要です。

位牌の話と関連するのでここに書きますが、良縁に恵まれずに独身で悩まれている方、特に女性は、先祖に養子で来ている男性がいないかどうかを調べてみるといいでしょう。養子ということで、供養が疎《おろそ》かになっているケースがあります。その男性の実家でも供養が全くされていないことは珍しくありません。つまり、だれからも供養されていない……。

それが影響して、養子から連なる子孫は縁を結びにくくなり、結婚が難しくなっているとも考えられます。養子の先祖からすれば、薄情な自分の家系と縁を結ぶのはお薦めできないですからね。

思い当たる方は調べてみてください。

蓋をする

両親に感謝、父方・母方のおじいちゃん、おばあちゃんがあっての自分。

そういう気持ちが大切とは言うものの、現実には、ものすごく悪い親とか、どうしようもない祖父母というケースがそこかしこにあり、「お陰様」という思いなど湧き上がってこないという方もいます。

このような場合は、自分を世に出してくれたことに感謝はしつつ、たとえば、親が凶悪な事件を起こして世間に顔向けできない、罪を犯して地元に住んでいられないといった状況に陥ったら、引っ越したり、名前を変えたり、違う自分になるのも一つの選択肢です。

そして、蓋《ふた》をしてしまう。

親子の縁を切るとか、一族の血脈を絶つとか、そういうことにこだわる必要はありません。これまでのことに蓋をして、気持ちを切り替えるのです。先祖供養など、そうしたいと思うまで「お断り」して構いません。

私のことで言うと、33歳のとき、大好きだった父の自殺という出来事がありました。世間的には「よくないこと」です。

この事実から逃げたり、隠したりすることはできません。「あんたんとこのお父ちゃんは自殺して……」と親戚にさえ言われました。現実を受け止めて、そして、受け入れるしかなかった。

時間をかけて、いろいろ思いを巡らしました。

2年ほど経ったころ、なんとなく自分のなかで消化できたような気がして、そのあと自分の口から、「うちのお父ちゃんはね……」と言えるようになりました。

父の自殺から7年後に母が亡くなったときは、「入院して容体が危ない」という連絡を大阪の叔母から受けても、

「行きません」

と返事しました。40歳になっても、母のことは許せなかった。

しばらくして「危篤《きとく》になった」という電話があり、3度目の電話を隣で聞いていた夫が、

「お前、行かないと一生後悔するから」

と口を挟んできたことにより大喧嘩。私は熟考したすえ、夫と長女と3人でクルマを飛ばすことにし、着いた火葬場で骨を一番最初に拾いました。

その後の精進落としへの参加は、母の姉妹4人から要請されましたが固辞し、高知にとんぼ返りすると伝えると、

「なぜ最後の会食を断るんだ」

と夫。問い詰める夫を助手席に、後部座席に次女を乗せ、阪神高速3号神戸線を無言で走りました。

と、そのとき、体が急に重くなり、とても運転できる状態ではなくなりました。ルームミラーで後ろのシートを確認すると次女もバタンと横になっています。

〈あかん、祓《はら》うのに塩ないかな〉

私は京橋サービスエリアに緊急避難し、

「急いで塩を買ってきて」

と夫に頼みました。

ところが、売っていません。気力的にも体力的にも、もはやハンドルは握れないので運転を代わってもらい、淡路島を渡り、四国に着くまで、娘とふたりでシートにグッタリ。徳

島県に入ってようやく高速を下りて夫がコンビニで買ってきた粗塩を次女に振ると、身が軽くなったのか上体を起こして、

「なんなん、これ⁉」

と驚いていました。私も粗塩で障《さわ》りが消えて「なんなん！」です。

母は、最期のときまで冷たかったわが子に文句を言っているのか、それとも来てはくれたことになんらかの思いを伝えてきたのか、それはこのときの私にはわかりませんでした。

いずれにせよ、私のような霊媒体質ではない一般の方は、こういった〝よくない関係性〟に目をつむったからといって、先祖から障りを受けることはないと思います。

墓の影響力

鴻里三寳大荒神社《こうのさとさんぽうだいこうじんじゃ》に年配の男性が来て、原因不明の体調不良を訴えました。病院では埒《らち》が明《あ》かないらしく、友人や知人に聞いて回り、私のことを知ったようです。

「お墓は、どうなっていますか？」

そう尋ねると、

「新しくしたから、ご先祖さんもさぞかし喜んでいると思います」

と言います。

でも、私には、新しい場所に移したきれいな墓石だけではなく、元の場所に忘れられたままの仏さんも視《み》えるのです。全員がちゃんと引っ越しできたわけではありません。段々畑を上がったところにある元の墓に、おじい様が残されています。その服装まで言い当てると、

「そんなことまで視えるんですか」

と目を丸くしつつ、

「ぜひ、古いほうの墓に来てください。一緒に行きます」

そうお願いされました。

日程を調整し、事前にお酒やお餅といった供物を用意してもらってふたりで行くと、現場は霊視して伝えた風景そのまま。

と、そのとき落人《おちうど》が見えたのです。先祖に落武者がいるのでしょう。男性は、

「確かに昔、親から聞いたことがある」

と裏づけしてくれました。早速供養し、男性が懺悔《ざんげ》し、おじい様と一緒に新しい墓に移ってもらいました。

数日後、男性から電話がかかってきました。

「なにかしてくれましたか？　先生、なにをしたんですか？」

訊くと、ずっと苦しんでいた頸椎《けいつい》硬化症が、その手術のための検査入院の際に医師から、

「あれっ、消えていますね。治ってます」と驚かれたそうです。謎の体の不調も感じなくなったと言います。本当に明るい声でした。

この男性のように、墓のことは首から上に症状が出ます。頸椎硬化症は墓でなにかよくないことが起きているサインだったと言えます。

古い墓のなかには墓石が苔《こけ》で覆われているものがあります。墓が苔むすほど世話をしていない一族の場合、首の調子が悪くなる人が出てくることがあります。

墓石の中心となる、家名などを彫る縦長の部分を竿石《さおいし》と言いますが、この竿石にヒビが入ったり欠けたりすると、頭の不調を訴える人が出てきます。

なぜそうなるのか、わかりません。これは昔から伝えられていることでもあり、事程左《ことほどさ》様《よう》に、墓は次元の違うエネルギーを持っています。

首から下に症状が出て、墓のトラブルに気づかされることもあります。

足が動かなくなった女性のケースでは、墓に植えたサツキがムクムクと育ち、根っこが四方八方に伸び放題。私は原因はこのサツキだと考え、素人では無理そうでしたので職人さんに来てもらって引っこ抜くと、足は何事もなかったかのように動いたのでした。

墓には、木は植えないほうがいいですよ。

骨壺

京都の整体師さんから、「原因不明の体調不良が続いています。一度来てくれませんか?」と呼ばれ、猛暑のなか行ってみると、整体師さんと奥様、そして整体師のお母様が待っていました。

〈うわっ、これは墓が問題やな〉

霊視してすぐにわかりました。そこで、まずみんなで寺に行くことを提案、4人で墓参りをし、納骨室を開けて骨壺を取り出しました。

全部で7つある骨壺のうち、6つが水でビチョビチョ。墓地は湿気が多く、また、骨は水分を吸収するため、骨壺が「水とりぞうさん」と同じ状態になったようで、満タンです。

「さすがにこれは体調が悪くなっても仕方ないわね」

とお母様。

「こんなふうになるなんて知らんかったわ。お坊さん、なにも言わないし」

と奥様。

みんなで骨壺からお骨を出し、さらし（木綿）の上に広げて天日《てんぴ》で乾燥させました。

骨壺を納骨室に納めたら「それで終わり」と思っている方がほとんどでしょう。でも、このようなこともあるので要注意です。

というか、骨壺はいらないのです。お金をかけてナントカ焼きを買うのは、如何《いかが》なものかと思います。

本来、人は土葬。それがいつしか火葬になり、火葬場が忙しいこともあって焼き上がったあとすぐに出すためお骨《こつ》が熱くて壺に入れるしかないわけです。十分に冷まして、さらしやガーゼに包んで納骨室の土の上に納めれば、布が風化してボロボロになるにしたがい、お骨は土に還《かえ》っていきます。

分骨《ぶんこつ》はもっての外。身を削るようなものです。なぜそれをお寺さんは推奨するのか、その意味、意図がわかりません。

もしかすると、お寺さん自体がなにもわかっていないのかもしれません。

というのは、私のことを書いた本を読んで名古屋から会いにきてくれたお坊さんが、

「あの本は衝撃的でした。僧侶として文句が言えない。自分は読んで反論できないどころか、納得してしまった」

と話してくれたからです。

彼は、お坊さんをしていた父親から教えを受けていましたが、突然亡くなったことにより、大学を出たばかりの身で僧侶の道に進みました。経験が浅いこともあり、いまもお経を唱えつつ、「仏様にちゃんと伝わっているのかな?」と疑問に思う毎日だそうです。そんなときに私に関する本に出会い、神仏との関係、別次元とのやりとりが明瞭に書かれていたため、「僕は自信をなくしました」とのこと。

私は、質素だった昔の葬式、墓に戻ったらいいと思います。

先祖にも個性

ある企業の会長秘書が相談に来ました。仕事で毎月中国に出張している会長の体調が芳しくないとのことでしたので、後日、会長とともに事務所に来てもらいました。

横柄な態度の男性でした。事前に女性秘書から聞いていたとおり、こういったことを信じていない様子がありありで、腕組みをしたままふんぞり返っています。

霊視すると、すぐに白い陶器と、お粥《かゆ》みたいな食べ物が視えました。

当時の私は事務所を開いたばかりだったこともあり、いまみたいに断定的な物言いはできず、自分のキャラクターもあまり出せず、

「白い茶碗とお粥さんが視えますが、会長さまは中国の方ですか？」

とやんわり訊くと、「日本人だ！」と怒ります。私には中国人にしか視えなかったので、

「帰化されているのですね？」

と尋ねますが、もうウンともスンとも言いません。さすがに突っ込みたくなり、

「中国の田舎で水を担いで農作業しているおじい様が怒っているのは、どうしてなんでし

ょうか」

と先祖の姿を伝えました。

途端に態度が変わりました。会長は日本語もペラペラで日本人として生きてきて、次第に中国人であることを隠すようになったようです。先祖供養も中国式では行っていません。

それから2時間、会長は胸の内をすべて語り、最後は目に涙を溜めて秘書と一緒に帰っていきました。


「人を見て法を説け」という言葉があります。お釈迦様は、相手のことをちゃんと見抜いて、その人に合ったやり方で仏法を説いたと言われます。

先祖供養も、そうあるべきです。仏さん・ご先祖様も十人十色ですから、その人に合った供養を行うことが肝心です。生前の行い、日頃の生き方を思い出したうえで供養しましょう。これは、私のところに来る仏さん・ご先祖様からのメッセージが、本当に一つひとつ違っていて、個性的であることから導いた結論です。

そもそも人というのは、一般に言われているように、「亡くなったら魂が成仏して終わり」ではないと思います。私からすると全然終わりません。あの世に行ってみんな仏さん・

ご先祖様という立場になっても、一括りにできる存在ではなく、この世にいたときと同じように各々が別人格であり、一律ではないのです。だから、一人ひとりに対して手を合わせることです、お釈迦様のように。

もう一つお伝えしたいことがあります。

会長の場合は、明らかにおじい様が障っていましたが、世間でよく言われる「先祖供養が足りていない」「ご先祖様の因縁」といった言葉に、ちゃんとした根拠はあるのでしょうか。

また、先祖といっても遡《さかのぼ》れば切りがなく、何代前の父方か母方かなど、何十人のなかから霊障を起こしているひとりを特定できるのでしょうか。

さらに、見当がついたとしても、霊障をもたらしているその先祖の背景などがわかるものでしょうか。

それらがはっきりとしないうちから、因縁などと断定的な言い方をするのは如何なものかと思います。基本的に先祖は、いまを生きる私たちの味方ですから。

息子の結婚

奥様に関する相談に乗ってほしいというご主人の単身赴任者用マンションを訪れたときのエピソードです。リビングに置いてあるお母様の写真を目にした瞬間、

「あれだけ、その女はやめておけと言ったのに！」

と訴えてきました。地団駄《じだんだ》を踏まんばかりです。

「それなのに、あんな盛大な結婚式までして！」

お母様は、亡くなる前に入っていた老人ホームで椅子に座った姿で怒っています。背が低いからでしょう、足が地に着かずブランブランさせています。

私はその様子をご主人に伝え、

「お母さんはプリンも好きだったみたいですね」

「いつも着ていた服はヒョウ柄とか、派手好きだったようですね」

と付け加えると、「えっ〜！」と驚きました。

お母様は右目が痒《かゆ》いようで、出てくる目ヤニをガーゼで拭いています。そして、息子が

危篤状態で産まれたことや、小さいころはよく病気をして大変だったことなどを語り、「親の反対意見を聞かないばかりに……馬鹿もんが」と立腹しています。

私の霊視を聞いて、ご主人は次第に涙目になりました。私もお母様のエネルギーを受けてか、右目が腫れはじめ、泣き明かしたようになりました。

お母様が生きていたとき、息子さんは忠告に耳を貸さなかったのでしょう。それが、いまはあの世のお母様からの声に心を揺さぶられています。

私はあの世の仏さんと、この世の皆さんの、キューピット役だと思っています。

いわくつきの人形

いわくつきのモノを集めてしまう人がいます。そういう方はよく、「モノが向こうから寄ってくる」と言います。

私が思うに、モノのほうから「手に取ってくれ」と働きかけることはありません。選ぶのは100%その人の意思。モノは意思・魂を持つことがありますが、人を呼び寄せて購入させるだけのエネルギーを持つケースは皆無と言っていいでしょう。全部こちらの選択です。

古いフランス人形や骨董品の類《たぐ》いが部屋中に置いてある中年女性に呼ばれ、彼女のアパートに行きました。

ノミの市のようなところで古い日本人形を手に入れて持ち帰り、その着ている着物が古いので縫ってお直ししようとケースを開けたところ、人形の顔が憤怒《ふんぬ》の表情に変わりました。「開けるな!」と明らかに怒っているのです。彼女は「これはヤバい」と思ってすぐさま閉じ、近所の神社にお焚《た》き上げをしてもらいに行き、供養してくれるようにお金を払って帰宅しました。

後日、何気なくネットのオークションを見ていると、なんとその日本人形が出品されているではありませんか。服を縫い直そうと考えていたので細部まで覚えています。紛れもなく自分が供養を頼んだ人形です。

彼女の推測では、神社でなにか怖いことが起きたので手放すことにして、ついでに小遣い稼ぎを考えたのではないかとのこと。すぐに神社に電話をして問い合わせると、アタフタしながらも、自分たちはそんなことやっていないと答えたそうです。いずれにせよ、次に買った人はどうなるのでしょう。

神社でも手に負えない日本人形。これに似た話は私も経験しています。

よく怪奇現象が起こるというその方の自宅に行く前から、私には家に置かれている大きな市松人形が視えていました。

〈これはちょっと気色悪いな、やめとこかな〉

本心を言えば断わりたいくらいでしたが、「頼まれ事は、試され事」と口ずさみ、相談者女性のお宅にお邪魔することにしました。

玄関を入ってすぐ、立派な人形が見えました。ただ、飾ってある場所は床の間ではなく、埃《ほこり》っぽい階段下。

「あなたね、なんていうところに置いているの！」

だれかがなにかのお祝いに贈ってくれた高価な人形なのに、その置き方は、「大きくて邪魔だし……」という雰囲気。それで人形が怒って霊的な現象を起こしているようです。相談者に尋ねると、亡くなった叔母さんが、嫁入り道具として買ってくれた人形とのこと。姪《めい》っ子の幸せを願ってのプレゼントです。

私は彼女に、もらったときよりも10センチは伸びている人形の髪の毛をまず切って、それからちゃんと供養してもらうようにアドバイスしました。

ところが、帰ろうとして人形を見ると、初めて見たときとは違うほうを向いているではないですか。顔がひとりでに動いているのです。間違いなく自分の意思でそっぽを向きました。叔母さんの魂が宿っているとしか考えられません。

後日、彼女は市松人形を神社に持っていき供養してもらったところ、霊現象はピタリと収まったそうです。その神社にはプロがいたんですね。

生き霊

先祖の力と同じように、生きている人の力も、私たちに大きな影響を与えます。というか、先祖からの気づかせ・わからせと、生きている人からの念、どちらが強烈かと言えば、それはもう断然後者。生き霊《いりょう》的なエネルギーやパワーに比べれば、仏さん・ご先祖様からの障《さわ》りは可愛いものです。

「この世」の人から憎い、許せないなどと強く恨まれてしまったら、体の具合が悪くなります。生き霊が飛んできて、身動きが取れなくなることさえあります。

私のお客さんの何名かが経験済みで、息も絶え絶え、寝込むくらいです。おこがましい言い方になりますが、私と出会わなかったら死んでいるのではないかと思うようなケースさえあります。

生き霊を飛ばす人は、強い負の感情を意識的に飛ばしていることがほとんどですが、無意識のうちに飛ばしてしまっていることもあります。知らず知らずのうちに相手を恨んだり、妬《ねた》んだりしているのです。

これら生き霊の悪影響から逃れる唯一の方法は、飛ばしている相手を認識すること。だれが自分に生き霊を飛ばしているのかがわかれば、スーッと消えます。なお、生き霊を飛ばすのも飛ばされるのも、男女の差はありません。

一方、先祖が発するエネルギーは、チクチク、チクチクと来ます。あなたのことを思って忠告や提案をしているのにうまく受信してもらえないとなると、代わりにあなたの長男とか直系に行き、それでも鈍感な場合は行き先を孫に変えます。配偶者に行くこともあります。

病院に行っても不調の原因がわからないときは、生き霊の仕業という可能性も視野に入れたほうがいいでしょう。

生き霊は仕組みを説明しづらい現象ですが、本当にあります。九字《くじ》を切ったら調子が戻った方が何名もいます。

私が皆さんから重宝されているのは、病院を何件も回って失望したあとの駆け込み寺のような存在だからだと思っています。

いてもたっても

そんな私の〝お節介〟を紹介します。

仕事で行った長野でのこと。モーニングコーヒーを飲もうと泊まっているホテルの高層階にあるレストランに入ったところ、夫婦（40代半ば）と子供ふたり（3歳と1歳くらい）の4人家族が窓際の席で朝ご飯を食べていました。その脇を店員さんに案内されながら通った瞬間、ご主人のことが気になって気になって仕方なくなりました。

〈この人、なにか引っかかるなぁ〉

悪い予感がするのです。

私は自分のテーブルについてコーヒーを飲みはじめても浮き足だち、「伝えたい、しゃべりたい」という気持ちが抑えられません。滅多にないことですが、思い切って窓辺に向かい、「おはようございます」と奥様に話しかけました。

ご主人は怪訝《けげん》な顔をします。私は意を決しました。

「ご主人の血圧、ずいぶん高くないですか。肝臓は悪くないですか。ご商売が大変でストレスを抱えていますよね。眠れていないでしょ。だから、とにかく食事だけは気をつけてください！」

言葉が堰《せき》を切ったように出てきます。奥様は唖然とした表情で、

「なんで？　全部当たっている。すごい」

と呟きます。私は、

「仕事もほどほどに」

と伝えました。

これほど突き動かされたのは初めてと言っていいくらいです。奥様と会話が弾みそうで

したが、ちょうどそのとき、ホテルに迎えにきてくれた知り合いから声がかかり、

「仏さんに手を合わせてね」

と伝えて4人家族のテーブルを離れました。ご主人が頷《うなず》くのが見えました。

知人が「先生のお知り合いですか？」と聞くので、「知らない人だったけど、後悔したくなかったから」と答えると、「旦那さん、ラッキーですね」とひと言。

そうなのです。こういう力が存在することを信じてくれたら、互いにラッキーです。

霊界の「時間」

よく質問されることの一つに、霊界での「時間」があります。

仏さん・ご先祖様は、亡くなったときの年齢のままで「霊」としてずっといるのか、という問題です。

コースケから教えてもらっことがあります。コースケは従姉妹の久美ちゃんの三男として生まれましたが、ほどなく亡くなった赤ちゃんです。

ある日、クルマを運転しているときに突然スッーと赤ちゃんが目の前に現れました。このときはだれの子供かわからなかったので、

「ごめんね、おばちゃんね、あなたのこと知らないのよ」

と言うと、

「自分の名前はコースケ。自分が死んだあと母ちゃんは泣いてばかりいるから、『泣かなくていいよ』と伝えてほしい」

そう言って消えました。

ついさっき久美ちゃんに会ったばかりだったので、母ちゃんというのは、もしかして彼女のことかと思い電話で確認すると、まさにそうでした。従姉妹の私にも30年近く明かさなかった出来事です。

私たちは後日、コースケの供養を行い、魂を向こうの世界に送りました。

その夜のこと、久美ちゃんにそっくりな顔をした背の高い男の子が、突然出てきたのです。

〈えっ⁉　大きくなってるやん〉

コースケはあの世で赤ちゃんから青年に育っていました。

私はてっきり、亡くなった人は霊界で「最期のときの近い姿でいるもの」と思っていました。でも、その青年は間違いなく成長したコースケ。28年前に生まれ、28歳という年齢相応の格好でした。

それから何度か同じ現象が続きました。

その女性は、死産した子供の供養を依頼してきました。私は、それが男の子だったのか女の子だったのか、いつ亡くなったのか、情報は全く聞いていません。

供養が終わると、中学生くらいの男の子がふと現れました。思わず「ワオ」と声が出たくらいお母様にそっくりな顔です。私は彼女に、

「いまね、息子さんが来てるのよ。大きくなってて」

そう伝えると途端に嗚咽《おえつ》しはじめ、

「そうなんです、そうなんです、男の子なんです」

と号泣しました。

立派になった息子さんの姿を、私しか視ることができないのが本当に残念。息子さんも、自分の姿を母親に見てもらいたいはず。私は視たままを一生懸命に伝えました。

不思議で仕方ありませんが、亡くなった赤ちゃんや子供は霊界で育つのです。20歳までは必ず育つというルールでもあるかのようです。

亡くなった赤ちゃんや子供があの世で肉体的に成長する一方で、大人はそれ以上年齢を重ねることはありません。年老いることはないのです。

こんなケースがありました。

相談者の男性宅に行くと、亡くなったお母様とおぼしき方の遺影がかけてありました。でも、私が霊視したお母様の姿とはずいぶん違います。そこで男性に、

「あの方はどなたですか？」

と訊くと、

「おふくろですよ」

と答えます。

「いや、出てきてるお母さん、写真と全然違いますよ」

そう言うと男性は、

「あっ、米寿のときに撮った写真しかなかったので、それを使っているんです。亡くなっ

たのは100歳のときですわ」

と笑い出しました。

〈なんやの。88歳のときの遺影やったんか〉

私は、髪型からなにからなにまで全く違う100歳のお母様を視ていたわけです。

成人したあとに亡くなった場合、霊界ではその姿でストップします。その年恰好で存在しているのです。

第5章 神様は見ていらっしゃる

交通費

霊能力の封印が解けたばかりの41歳で初めて鴻里三寶大荒神社《こうのさとさんぽうだいこうじんじゃ》に参拝したとき、10年後にここで神職を務めるとは思ってもみませんでした。

霊能力があって、霊視で世間のお役に立てているからといって、神社という霊域の代表になどなれるものではありません。

「あぁ、これも天命だな」

そう思って受けることにし、荒神《こうじん》様には、

「こんな私ですけど、よろしくお願いします」

と伝えました。

神様にとって私が必要のない者ならば、排除されても構わないと思っていました。神様に「捨てないで」とすがるつもりも、「もっとやらせて」と地位にしがみつくつもりもありません。ただ、すごく力のある神様なのに、私がちゃんとお護りしないと社《やしろ》が廃墟のようになってしまうのが気がかりでした。

もう一つ問題がありました。それは、神職として活動する高知と、霊能者として仕事をする東京とを行き来する飛行機代、新幹線代です。神社から交通費として2万円いただくことになりましたが、1カ月に最低でも2往復はするので全然足りず、お給料はもらっていないため、すぐに財布が汲々《きゅうきゅう》としてきました。

「交通費を出してください」

拝殿に座り、荒神様に、

「せめて電車賃と飛行機代が払えるだけのお金を回してほしいです」

と頼みました。

お願いする私もなんですが、なんと、荒神様は願いを叶《かな》えてくれました。足代が足りるようになったのです。

〈この神社には確実に荒神様がいらっしゃる……う〜ん、どんな格好してるのか、視《み》られるもんなら視てみたい〉

なんだか親近感が湧いてきて、荒神様に、

「本当にいてるのならお姿を見せてください」

とお願いしたことがあります。

これも見事に叶えてくれました。私のカメラにちゃんと撮れています。人間のような姿ではなく、火の神様として、異様な燃え方をするロウソクの炎や、写真でしかわからない凄まじい明るさの青い光、線香の煙の量、そのあり得ない揺らめきなどで、自身の存在を示してくれたのです。

神様から感謝

本当に神様はいるんです。

地域の皆さんから親しまれている高知の「八坂神社」の世話を長らく続けている竹田さんは、古くなった社を新しくしようと近隣住民に声をかけてお金を集め、きれいに建て替えました。それからも毎月1日と15日には神様（スサノオ）にお供えをし、毎年7月7日には大祭を行うなど、熱心に管理しています。

「先生、この写真を見てください」

竹田さんは新しくなった神社と以前の神社の写真を2枚並べて、ビフォーアフターのように見せてくれました。と、その瞬間です。

「あれ〜！」

思わず声が出ました。新しい神社の写真から、丸い小餅がポコポコと噴水のように出てきたのです。次の瞬間には、神様に仕えているらしき人々が法被《はっぴ》のような服を着て大勢並んで現れ、「お酒もいただいてます」と言うではないですか。さすがに私もビックリして、

「あなた！　いま写真からお餅が湧き出てるわよ！」

と竹田さんに伝えると、毎月1日と15日はお餅を搗《つ》いて神様に供え、お酒も奉納しているとのこと。

「そうだったの！　神様はそれをいまうれしそうに見せてくれてるのよ。お酒も感謝してると言ってる！」

竹田さんは、お餅やお酒を供えても神様に届いているかどうか確かめようがないし、形ばかりのことしているだけのような気もしていました。

「本当に届いていてよかったぁ」

そう言って涙ぐみました。

ここでスサノオが登場し、

「いま、自分はこういう場所にいる」

と縁が真新しいきれいな畳の上に座っている現在の姿を見せながら、

「お餅にヘソがない」

と言います。私はなんのことかわからず、そのまま竹田さんに伝えると、「え〜っ」と喜び、ヘソはお餅の窪みや突起のことだと教えてくれました。竹田さんは神様に供えるお餅にヘソがあってはならないと、表面をツルンときれいに均《なら》しているのでした。

これは、スサノオと竹田さんのあいだでしか成立しない会話。神様とちゃんとつながっている証拠です。

泥棒の家

鴻里三寳大荒神社で2年ほど前、お賽銭が盗まれるという事件が起き、以前から設置してあった監視カメラの映像を確認すると、賽銭泥棒の姿がぼんやりと映っていました。70歳くらいの男性です。

近隣の神社で賽銭が盗まれたという話は聞いたことがなかったので、うちの神社に狙いすまして来たと感じました。犯人がこの近くに住んでいると思うと気味が悪く、腹も立ちます。

〈自力で見つけてとっちめてやりたい〉

私は神社の関係者に集まってもらい、ビデオを見てもらいました。

でも、皆さん、「心当たりの人物はいない」と言います。近所に泥棒をするような人がいるという噂《うわさ》も聞いたことがないとのこと。警察に相談するほどの金額でもないし、再び被害に遭うまで様子を見ることにしました。

しばらくののち、神社の社務所で皆さんと昼食をとっているとき、信者さんが、「先生の自宅の近所の人が窃盗で捕まったよ」と耳打ちしてきました。

「えっ？　どこのだれ？」

聞くと、本当に灯台もと暗しで、まさに目と鼻の先に住んでいる男性ではないですか。その人の顔を思い出して、それから録画映像を見てみると、どうやら間違いなさそうです。男性は私のことを知っていて、この神社で盗みを働いたことになります。嫌がらせなのか、私がなにか恨みを買ったのか……。どちらにしても気分が悪いことこの上ありません。ただ、すでに警察に捕まっていて、懲《こ》らしめようがなく、仕事で東京に行く予定も迫っていたため、いったん頭を切り替えることにしました。

「先生、家の前が火事になっています！」

仕事で成田空港に着くと、知り合いから電話が入りました。正確には、私の自宅の近くで火の手が上がったようで、落ち着いて聞くと、燃えたのは賽銭泥棒容疑の男性の家！　のちに、出火原因はバッテリーの不具合と聞きました。

神社の悪口を言ったりしても、罰《ばち》が当たることがあります。昔からよく「お天道様《てんとうさま》が見ている」と言いますが、本当にそのとおりだと思います。

御利益

交通費を出してとお願いした私が言うのもなんですが、日本人は神様に速効性のある御《ご》利益《りやく》を求めすぎではないでしょうか。

御利益とは、神から功徳《くどく》（恵み）をいただくこと。御神徳《ごしんとく》とも言います。ネットで調べたり聞いたりして、どこそこに行くとこんな御利益があるとわかると、短絡的に神社に行く人が多い気がします。

神様には役割があり、なんでもかんでも幸運招来・商売繁盛・恋愛成就ではありません。また、いきなり伊勢神宮に行って天照大神《あまてらすおおみかみ》様に参拝しても願いが叶うわけありません。天照大神様は会社で言ったら社長・会長です。直接社長・会長にパンパンと柏手を打って聞いてもらえるでしょうか。お礼を伝えにいくのも同じで、やはり受付を通して秘書にアポを取るといった手順が必要でしょう。まずは、地元の氏神様や眷属《けんぞく》を大事にすることからです。

鴻里三寳大荒神社で言えば、奥の院には、天之御中主《あめのみなかぬし》、アマテラス（天照大神）、豊受大神《とようけのおおかみ》、サルタヒコ（猿田彦）、アメノウズメ（天鈿女）、龍神《りゅうじん》さん。

拝殿には、三寳大荒神、弘法大師《こうぼうだいし》、釈迦如来《しゃかにょらい》、不動明王《ふどうみょうおう》、文殊菩薩《もんじゅぼさつ》さま。

社務所には、阿弥陀如来《あみだにょらい》さま。

皆、それぞれ担当があり、順番があります。

それよりもなによりも、先祖供養です。仏さん・ご先祖様を疎《おろそ》かにして無病息災・家内安全・夫婦円満なんてあり得ません。

新米が穫れたら炊いて、「食べてくださいね」と仏壇に供える。お酒をもらったら、「美味しいから飲んでくださいね」と封を開けて飲めるように供える。果物なら剥《む》いて、お菓子なら袋から出してあげる。そうして仏さん・ご先祖様からの功徳（恵み）をいただくのです。

先祖あってのあなたです。人生がうまくいっていない人は、自分の足元を照らしていないように思います。根本《こんぽん》を蔑《ないがし》ろにして神域やパワースポット巡りなどしても、あまり意味はないですよ。

神道

私は神社の代表ですから、神道《しんとう》を否定する者ではありません。神様を信じています。ただ、神道の葬式を見るたびに思います。

〈こんなんで供養できるわけがない〉

そもそも神道は穢《けが》れを嫌がり、葬式のような仏事を嫌う傾向があります。

神道は生ものを供え、火の通ったものは供えないことがほとんどです。生米に始まって、生の大根、生の芋……。

生前は温かいご飯と焼き魚なんかだったのに、畑で採ってきた野菜をそのまま供えます、故人は神様じゃないのに。

神道の方は、「亡くなったら神様になる」と言いますが、なるわけがないですよね。なりません！　たとえば、性根《しょうね》が悪い人が亡くなって神道流で送ったら神様になるんですか、という話。先ほどまで生きていた人間です。

また、神道の家は、四十九日も百か日（百日忌）もやらないことが多い。可愛い子供や孫が亡くなっているのに、「それで大丈夫と思ってます？」と言いたくなってしまいます。

さらに、神道ですから仏壇はなく、仏さん・ご先祖様を祀《まつ》る場所は墓だけ。やはり、なにかちょっとずれているように思います。

旦那様は神道、奥様は一般的な仏教というご夫婦の相談に乗ったことがあります。視たところ、いくつかのトラブルの原因は仏さん・ご先祖様の供養ができていないことでしたので、旦那様に説明して位牌《いはい》を作らせていただきました。

「そこから、本当に変わった」

いまも神道の旦那様がそう言ってくれます。

黒い球体

「ねぇ、見えない？　みんな、見えないの!?」

「梨岡先生、なにが？」

友人・知人と福島に旅行に行ったときのこと。昼食を取るために立ち寄ったホールのような大きなレストランで、黒い球体を頭の上に載せている女性が、家族らしき数名と楽しそうに食事をしていました。その球体はほぼ透けた黒で、ドッジボールくらいのサイズ。100人以上のお客さんがいるなかで、そんなものを載《の》せているのは彼女だけです。

〈私だけか。やっぱり視えているのは私だけなんだ〉

初めて視た現象でした。

のちにわかったのは、これは死期が迫っている人に現れるサイン。なかでも、自身の死を受け入れている人に現れ、波動が強い人、霊感が強い人などの頭上に出ます。波動や霊感が一般レベルの人は出ないようです。その代わり、一般の人は全身黒いベールに包まれて、マントを羽織ったようになります。

この黒い球体やベールが視えたからといって、私になにが言えるでしょうか？

たとえば、散歩中の老夫婦のご主人に黒いマントが現れているのを視て、「もうすぐですよ。心したほうがいいですよ」と伝えたとしましょう。言われた側は楽しくなくなりますよね。長野のホテルで朝食時に伝えた健康に関するアドバイスならまだしも、死に直結しているような話は、伝えてもなに一ついいことがないので、他人さまにはしないことにしています。

もちろん、友人や知人は別で、伝える伝えないは、流れに身を任せています。まだ経験はありませんが、視えたら即、伝えると思います。というより、「ねぇ、大丈夫？　体調、悪くない？」と勝手に口が動くでしょう。

それが功を奏すときもあります。

「主人の具合がよくないんです」

子供のことで相談に来ていた私と同い年の女性が、帰り際にぼそっと言いました。彼女の家庭のことは、この日の1時間のセッションで、ある程度は聞いています。

〈確か、籍は入れてなかったはず〉

聞いてみると、内縁で15年になるとのこと。思わず、声が出ました。

「すぐに籍を入れて。できるだけ早く。お葬式のあと大変よ」

自然と口が動きます。

〈あっ、えらいこと言ってるわ、私〉

言ってしまったことは仕方ありません。

でも、彼女は取り乱さず、「そうします」と言って、しっかりした足取りで帰っていきました。

数週間後、「入籍しました」という連絡があり、その翌日、「主人が亡くなりました」と電話をくれました。セッションのあとに一緒に病院に行ったら、胃がんで末期。手の施しようがなかったそうです。

後日、少し落ち着いた彼女がやってきて、

「あのときに梨岡先生が、『でも、お金には困らない』と言ってくれたのは、主人が残してくれる遺産や年金のことだったんですね」

と前回のセッションで伝えたことに触れました。

私は忘れていますが、そのときの相談内容は子供の進学のことが中心で、彼女が「お金が大変だ」と厳しい家計を吐露《とろ》したところ、私の口から、

「大丈夫！　あなた、お金には困らないから」

というフレーズがパッと出ていたようです。

私は、彼女のご主人が黒い球体を頭上に載せていたり、黒いマントを背負っているのを視たわけではなく、口が勝手に「もう危ない」と動いただけです。彼女がしんどい家計のやりくりから解放されるのも、霊視してわかったのではなく、パッと言葉が出ただけです。時にこういうふうにうまくいくケースがあり、私自身も驚いています。

「気」の色

黒い球体や、ベール、マントは、その方の「気」だと考えています。

グリーンやオレンジ色の気を頭の上10センチに載せている人もいます。お椀を逆さまに

したような形でセロハンみたいに透けていて、向こう側が見えます。

赤色の人もこれまでにひとりだけいて、右肩に透けた赤い玉を浮かべていました。

色がなにを表すのか、少しずつわかってきています。

グリーンが一番多くて、そのうちのひとりは「開頭手術をしたことがある」とのことでした。確かに、グリーンは脳梗塞などの既往歴のある方に多い印象です。

こういう気は、いつも視えるわけではなく、仕事モードに入らなければ視えません。セッションに来た方と向き合って、お話を伺っているとポワッと出現し、「もしかして、頭の手術したことありますか？」と尋ねると、「実は……」となります。


いろんな色の気が乱舞していたのが、早朝に訪れた伊勢神宮でした。

グリーン、イエロー、コバルトブルー、ピンク、混ざり合ってパープル。ここでもグリーンが一番多くて、すべて透けています。

形は一律ではなく球体などさまざまで、大きなものもあれば小さなものもあり、内宮《ないくう》の杉並木の上空高く、風に揺らぐシャボン玉のように、不規則に点在していました。このときは3分くらい視ていたでしょうか、1個から2個に分裂したり、ピンクからイエロー、コバルトブルーと変色したり、それはもう一流のアート作品のように私を惹《ひ》きつけました。

「先生、どうしました？」

唖然とした表情で空を見つめていたのでしょう、同行者が声をかけてきました。

〈どうもこうもないわ。これは説明できひん〉

私は、「あ、ちょっと待って」と言ったきり、それからまた1〜2分のあいだ〝気の七変化〟に集中しました。

この現象は、伊勢神宮だけで視られるのではありません。鴻里三寶大荒神社でも朝日とともに乱舞していたり、参道の木陰から出ていることがあり、本当に不思議です。

鮮明に視られるのは、朝早くというのが条件かもしれません。どこの神社でもお参りするなら日の出とともに行くのが一番で、太陽が昇りさえすれば、その瞬間から神様はいらっしゃると私は考えています。

まだだれも来ていない時間帯がいいのです。みんながゾロゾロやってくるころは、その人たちの気で、神社もよくない環境に変わってしまうのでしょう、夕方などはNG。神様は午後3時くらいでいらっしゃらないと思ってください。

「気」を感じる

この気を、自分も視たい、視られなくても感じたいという方は、近くの神社に朝日が出るタイミングで行くことをお薦めします。

ただ、由緒ある神社や有名な社なら気の舞いが視られるかというと、そうでもありません。明治時代に廃仏毀釈《はいぶつきしゃく》があったからです。当時の政府は神道を国教にしようと、仏教を排斥する運動を推し進め、釈迦の教えを否定しました。結果として寺院が神社へ衣替えになったケースがあります。そういった〝元お寺〟に神様はいないと思っていいでしょう。明治以降、人気が出た神社には事実上の〝隠れお寺〟もありますので、よく調べて参拝することです。

ある街の氏神様がまさにそうでした。

〈違うやん。ここ、お寺さんやん〉

案内してくださった方の手前、はっきり言うことはできませんでしたが、まさしく〝元お寺〟です。

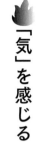

案内役の男性は、「この神社のご祭神は誰々です」と説明し、なるほどその御霊《みたま》も置かれているし、神社幕もかかっています。しかし、ここは鎌倉時代から街道が通っており、処刑場もあった土地。神社よりもお寺だった可能性が高い場所でした。

また、ある大都市の神社では、参拝の際にパンパンと柏手を打った瞬間、前方の拝殿に座っている宮司さんがお坊さんの姿に変わって視えました。現実には宮司さんがいますが、手を合わせてつむっていた目を開けた瞬間、僧侶が座っているのが視えたのです。

〈なんや、ここもか〉

立派な神社だったのに、袈裟《けさ》を着た後ろ姿が鮮明に目に飛び込んできて、その過去の映像に少々がっかりしました。

死神

いまはもう視なくなりましたが、かつて何度か死神を視ました。

真っ黒で、妖怪・一反木綿のようなペラペラした感じです。手に鎌を持っていたりといった特徴はなく、人の形をした黒い物体です。

一番よく覚えているのは、ある女性相談者の自宅マンションを訪れたときのこと。クルマを停めて降り、その方の部屋がある5階を見上げると、建物の外廊下を歩く男性の姿が目に入りました。と、突然黒い物体が現れ、その人の後を追うように、1メートルほどの間隔を空けてついていきます。私もはじめは男性の影が白い外壁に写っているのだろうと思いましたが、それにしては不自然なので目を凝《こ》らしたところ、黒い物体は男性との距離を縮め、最後はスッと体のなかに入って消えました。

このときの死神は男で、女の死神は視たことがありません。

その後、男性がどうなったのかはわかりませんが、死神に憑《つ》かれた者は目の輝きが変わります。少なくとも1週間以内に亡くなると聞いたことがあります。

七人ミサキもそうですし、死神のような能力の持ち主が存在しているあの世というのは、この世以上にハードモードかもしれません。

そういう観点から言えるのは、いま苦しいからといって、「死んだら楽になることはありません」ということ。この世で苦しいなら、あの世でも100％苦しい。というより、あの世のほうが大変というのが私の結論です。

お稲荷さん

「梨岡先生、うちの祭壇を見てくれませんか？」

神道や仏教の祭壇を設置している方から、「とにかく一度、見にきて」と自宅に呼ばれることがあります。神仏を大事にされている方のなかには、自身が整えた自慢の祭壇を披露したくて、「私の家に遊びにこない？」と招待してくれる方もいるくらいです。

でも、皆さん、全然ダメです。

「ちょっと、つつかせてもらっていいですか」

お宅にお邪魔すると、私は許可を得て、「これ、いらない」「これも不要」と祭壇から除《の》けていきます。相談者の方はたいてい慌てはじめ、「いやいや、実はこれはこうこうで……」と大切にしている理由、思い出のエピソードをいくつか語りはじめますが、

「思いはいらないから！」

そうピシャリと言ってきかせます。

あるとき、四国八十八カ所の公認先達《せんだつ》（お遍路の案内人）から、

「わしの祭壇を見てほしい」

と電話がありました。ほかに、娘さんのことなど、いま困っているいくつかの問題点を伺い、

「わかりました。では、午前10時にお邪魔します」

とケータイを切ろうとしたところ、

「いるものはないですか？　揃えるものがあれば言ってください」

という焦った声が聞こえました。

確かに、私は訪問するお宅の祭壇に必要なものを、事前に準備しておくように伝えるのが常です。先達さんは、そういった私のやり方を紹介者から聞いていたのでしょう、なにも言われないのはおかしいと思い、確認してきたのでした。

「ないです」

咄嗟《とっさ》に口から出ました。

「えっ？」

と先達さん。私も「えっ？」です。まだ視てもいないのに、祭壇に必要なものは「なに

もない」と言ってしまっているのですから。これはよくある〝上〟からの指示で、私の意思ではありません。

ご自宅に上がると、電話口で「揃えるものはなにもない」と言った理由がわかりました。幅3メートル近くある床の間には、お稲荷さんをはじめ、いろいろな神様が3段にわたって「これでもか」というくらい置いてあるのです。榊《さかき》もドンとあって、御幣《ごへい》も自作しています。先達さんはこうなった理由など、いろいろ聞かせてくれました。

私は、

「触らせてもらっていいですか？」

と許可をとり、祭壇の整理を始めました。その傍《かたわ》らで先達さんは、

「いや、実は、やり方がわかんなくてね」

と呟きます。

多くの人と同じく、自己流なのです。先達のほかに修験道を50年やり、神職の資格を持っている方ですら、こうです。

私にとっての問題は、祭壇にお稲荷さんがあることでした。ほかは多くがいらないものでしたので1時間ほどで抜いて整理がついたのですが、当時の私の能力ではお稲荷さんを

除けることはできません。でも、先達さんは、

「自分も年いってきたから、やめないといけない。お稲荷さんには帰ってもらいたい」

と強く訴えます。

私は意を決して、お稲荷さんが入っている御霊入れを手に取りました。木でできた四角い縦長の箱で、白い布で覆われています。上部を開けてなかをのぞくと、1本の角材が柱のように立っており、その上にガラス玉が載っています。霊視すると、確かにキツネの姿のお稲荷さんがいました。

〈う〜む、しゃーないか！〉

お稲荷さんには触らないことにしていましたが、やってみました。

「いま、お稲荷さんを除けました。除けたつもりですけど、実際に除いているかどうかは、わかんないんですよ」

そう伝えると、

「正直に言ってくれて、さすが」

と喜んでくれました。

実は、私には〈ばっちりできた〉という感触がありました。だれからも教わっていない

のに〈できちゃったよ〉という達成感がありました。

私は〝上〟からの指示に従って、お稲荷さんに帰ってもらいました。やり方が間違っていたら、祟《たた》られるのは私です。いまのところ無事生きていますので、正しい方法だったのでしょう。まだ鴻里三寶大荒神社の代表になる前で、なんの後ろ盾もないおばちゃんだったことを思うと、「よくやったよな」と褒めてあげたいです。

当時もそうですが、私の心のなかには、「頼まれ事は、試され事」という思いがあります。いままでやったことがないから、そんなことは頼まれてもできないと思っても、「ノー」は言いません。ノーと言う前に「イエスサー」と言ってやってきました。

限界は、自分で作るのです。できないと思ったらできません。

〈やったことがない、ならば、やってみる価値がある〉

これが座右の銘です。

もし失敗しても、なんてラッキーなのと思います。失敗はしても、その失敗が肥やしになり、私の財産になり、人生を彩る。そう捉えています。

白狐、白蛇

初めてお稲荷さんに触れて以降、私のなかから苦手意識は消えました。祠《ほこら》を動かすこともできるようになりましたし、怒りを買うこともありません。

かといって積極的に関わることはせず、神職に就いてからもしばらくは、うちの神社の鳥居の傍《そば》にあるお稲荷さんに対しても、その管理を神社の地主である福留範明さんがしていたこともあり、ほとんど挨拶していませんでした。

ここ2～3年ほどは、福留さんが高齢になってきたため、「よかったらお稲荷さん、神社でお預かりしますよ」と申し出て、大祭のときなどにお供えをしてお世話させていただいています。

つい最近のこと、いつもは通らないお稲荷さんの前をたまたまクルマで通りました。素通りしようかなと思ったのですが、ふとアクセルを緩めてエンジンを止め、車内から、

「あっ、お稲荷さん、おはようございます。いつもありがとうございます」

と挨拶しました。

と、その瞬間、お稲荷さんがピョンと出てきたのです。白いキツネが尻尾を逆立て、びっくりした犬が跳ねるように現れたのです。

〈おおっ、ここは白狐《びゃっこ》さんやん！〉

初めて視ました。早速、福留さんに報告です。

「きょう、白狐、視たのよ！」

「え〜っ！」

福留さんもビックリ。彼はまだ視たことがありません。

「京美さん、先代がね、『ここには白蛇がいてるから』とよく言っていた。だから祀ったのは白蛇だと思う。白狐か……」

お稲荷さんのご本体は白狐さんで、その化身が、福留さんのお父様が信じていた真っ白いヘビ、白蛇ということでしょうか。逆かもしれませんね。

鴻里三寶大荒神社では荒神さんばかりに人気が集中していますが、お稲荷さんも〝本物〟がいらっしゃることがわかりましたので、皆さん、山頂近くの駐車場まで一気に上らず、下のお稲荷さんにも参拝してくれるとうれしいです。

荒神さまが現れて

鴻里三寳大荒神社の責任者を務めつつ、東京で忙しく仕事をこなしていた53歳のとき、健康診断で、「子宮体がん（子宮内膜がん）かもしれない」と言われました。細胞診のために1泊2日の入院を経て出された結論は、「ステージはⅢかⅣ。手術で子宮全摘、リンパ切除」。相当進んでいるようでした。

私は荒神様に、

「この命、お任せします」

と伝えました。好きな人と結婚して3人の子供に恵まれ、その子供たちも独り立ちして所帯を持ち、孫の顔まで見せてくれました。生への執着はもうありません。

数日経ったある夜のこと、とても明るい月明かりの下、私はひとり、広い草原に立っていました。地平線まで見えそうな大きな平原です。不安になってほかにだれかいないか見渡していたそのとき、荒神様が火の姿の現れ、突然覆い被さってきました。私は全身を炎に包まれ、もみくちゃにされます。「ひゃーッ！」。悲鳴を上げた瞬間、現実の世界に戻りました。

知らないあいだに眠りに落ちて夢を見ていたのでしょうか。それとも幻覚を見ていたのでしょうか。自宅にひとりでいたため、自分がどんな様子だったのか知ることはできません。ただ、

「あぁ、荒神さんが厄を祓《はら》ってくれたんだ、業《ごう》を消してくれたんだ」

そう思いました。

後日、子宮体がんの手術は成功。担当した医師が「ステージⅠでした」と予想よりはるかに初期段階だったことを非常に不思議がっていました。

「生かされた」という思いを強く抱きました。それはいまも常に抱いています。

この手術の際に膵臓《すいぞう》がんも見つかりましたが、「あ、そうなの？」という程度の軽い心持ちです。呑気《のんき》な私を見た元夫が、「お前、膵臓がんの意味、本当にわかっているのか」と顔をのぞき込んできたくらい平穏な心境がいまも続いています。

守護霊と遠隔治療

ある仕事を頼まれたときのこと。一応、面接を受けなければならず、その前に電話で簡単な質疑応答を行うと言われました。

かかってきた電話を取ると、「あなたの守護霊様はどなた？」と聞かれ、「いや〜、知りません」と答えたら、「それではダメです」と切られました。

挨拶もない失礼な相手に憤《いきどお》りましたが、自分の守護霊がわからない自分にも腹が立ち、だれに相談して視てもらったらいいのか見当がつかなかったこともあって、その夜から毎晩、

「私の守護霊様はどなたです？」

「教えてください、お願いします」

と天井に向かって問いかけながら寝ていました。

毎日尋ねて半年かかりました。

忘れもしない6カ月後の2月3日のお昼。高知・田野駅にクルマを停めていたところ、ついに「白翁」と名乗る男性が守護霊としていらっしゃいました。「シロガネ」と名乗るの

で、「どんな漢字ですか?」と質問すると、声ではなく文字で、「白」「翁」と示しました。守護霊を知りたくて知りたくて毎晩尋ねているのに、夜ではなく白昼の駅の駐車場に登場したのが不思議ですが、実のところ私は昼間しか霊視しないので、合わせてくれたのかもしれません(私は幽霊を視るのも昼間なのです)。

私が初めて認識できた守護霊である白翁さんは、早速、遠隔治療を教えてくれました。真っ白い半紙に墨で人型《ひとがた》を書き、治す相手の名前と生年月日、年齢を書き入れます。そこにひと握りの炒った大豆をばらまくと、なぜだか1カ所か2カ所に集まります。そこが体の悪い部分で、たとえば乳がんの場合は左右どちらかの胸のあたりに大豆が残ります。そして、その大豆を上から手で押さえながらゴロゴロ転がすと相手が感応して、治癒するのだそうです。

大豆の代わりに梅の木でできた数珠でもよく、中糸を抜いて玉を使います。

私は白翁さんに言われたとおりに、後日、知り合いの女性に対してやってみました。というか、白翁さんの言うとおりにやらされた感じです。

すると、翌朝、元気な声で電話がかかってきて、

「夜中に体が勝手にゴロンゴロンと転がって、アザだらけよ～」

と驚いていました。2回目のときは、

「グルングルン目眩《めまい》がして大変よ〜」

と言っていましたので、彼女の体になんらかの影響を与えたことは間違いありません。内緒で弟のノリにやってみた際は、

「お姉、俺になんかしてくれたやろ？　調子ええわ！」

と珍しく電話をかけてきました。

興味深いことに、人型は、治療する相手が太っている方のときは、自然とポッチャリ体型の絵になります。私はなんの情報も得ていないのに、面長の人の顔は勝手に細面になります。筆がそう動くのです。一番びっくりしたのは、ご主人を治してほしいと相談に来た奥様の目の前で、脚の長さが段違いになっている絵を描いたときのこと、

「うわぁ〜、先生、その脚！　うちの旦那、膝から下がないんですわ」

左脚を失っていることなど見たことも聞いたこともないのに、自動的に描写できました。遠隔治療は人型を半紙に描くところから始まっているわけです。

なお、私は自分の病気や怪我を霊能力で治すことはできません。

秘妙符

「どうしても乗れなかった電車に乗って、学校に通えるようになりました！」

大学生からうれしい報告がありました。ラッシュアワーで混雑する駅や、何分間か閉ざされる電車内にいられない女子大学生を持つお母様からの依頼で秘妙符《ひみょうふ》を作り、娘さんに肌身離さずに持ってもらったところ、メンタル面が好転したようです。

秘妙符は、お守り、厄除けのような紙で、名刺の4分の1くらいのサイズ。私が紙で手作りしています。地震や豪雨といった天災や、交通事故、霊障などから身を守る効果があるようです。

作り方は、すべてが静まった午前3時から鴻里三寶大荒神社で結界《けっかい》を張り、そのなかに入って墨をすり、真新しい筆で、特殊な文字と時刻を書きます。書き終えたら、ちゃんと出来上がったことを拝殿に報告して祀り、1日置いてから希望者に送ります。

実は、私は昨年まで秘妙符の存在を全く知りませんでした。

ある霊視の際に、秘妙符に使う特殊な文字を〝上〟から視せられたとき、不思議なことに、〈私、できるかも！〉と瞬間的に思いました。そして、なぜか胸がいっぱいになったのです。

私は最高のものを作りたかったので、本格的に作り方を教えてもらいました。特に、紙の複雑な折り方は、これまでに見聞きしたことのないものだったため念入りに確認。そのあと〝上〟に、「私が作って広めていいですか？」と尋ねて許可をもらい、納得のいく仕上がりになった一枚をまず知り合いの女性にお試しで渡しました。

「梨岡さん、ものすごく効くわ！」

女医さんは数日使ったあと、喜んで電話をくれました。

痩せ細り

「梨岡さん、ちょっと具合が悪くて動けない。助けに来てくれないか」

馴染《なじ》みのお客さんから連絡が入り、ご自宅に伺って玄関を開けると、彼は奥から両手で壁を伝って出てきました。手で支えないと歩けないようです。何カ月か前に会ったときに比べてびっくりするほど痩《や》せ細り、スリッパもうまく履けない様子。体力がなくなってしまったのか、少し動くだけで呼吸が荒くなり、「もう2週間ほどこんな調子だ」と嘆きます。

彼は心臓に病を抱えていました。でも、今回の不調はそのせいではないことを感じていて、病院ではなく私に「助けてほしい」と電話してきたのです。なるほど、異常なほどガリガリになった姿を見ると、心臓だけの問題ではありません。

奥のリビングにお邪魔し、奥様とお父様が見守るなか、ソファーに座った彼に向けてまず九字を切りました。

〈ん、なんなん？〉

怪しい影が一瞬だけ視えました。女です。痩せて、骨が出ていて、無言です。

〈ここのおばあさんかな？〉

心配そうにしているお父様に訊《き》いてみましたが、だれだかわかりません。

私はなにか変化がないか様子を見ながら、15分くらいしてから2回目の九字を切りました。

〈えっ、まさか？〉

今度ははっきり視えました。ガリガリに痩せてお腹がぽこっと出ていて髪の毛はボサボサ、ギョロっとした目で私を見据え、構えます。
〈女の餓鬼《がき》がいてるやん！〉

絵で見たことのある方も多いでしょう。なんとその餓鬼が出てきました。私も餓鬼を視たのは初めてで、〈本当にいるんだぁ〉と変に感動していると、相談者がソファーからゆっくり起き上がりはじめました。奥様も、「あっ、よくなってきたんじゃない？」と目を見張ります。気づくと餓鬼はいなくなっていました。

餓鬼は元人間。亡くなったあと、地獄に落ちた類《たぐ》いです。そして、なぜか男性を選んで背中から羽交い締めにしていました。こんなにしがみつかれたら重たくて歩けません。彼の不調はこの餓鬼が離れなかったことが原因です。

僭越ながら、私の九字は結構効くんです。詳しい人に訊くと、どんなに血のにじむような努力をしても、あるいは有名な先生のもとで長年修行したからといっても、こればっかりは才能がないとできないそうです。結界も同じです。

話を戻しますね。

男性にしがみついていた女の餓鬼がどこへ行ったかは、わかりません。普段、餓鬼はそのあたりにいて、波長が合った人間を見つけると、突然しがみついてきます。私の2度目の九字で逃げた女の餓鬼も、またどれかを見つけてしがみつきに行くでしょう。

餓鬼に選ばれてしまう人間に共通するのは、魂に元気がないことでしょうか。男性は近々心臓の手術をすることになっていて、不安で不安で仕方がなく、非常に心細い時期。過去に1度心臓の手術をしており、その2〜3週間前も今回と同じような症状になったそう。その原因が餓鬼だったのか、本当に心臓の具合が悪かったのかはわかりません。ただ、そのときはまだ私に能力がなかったので、助けてほしいと言われても九字で餓鬼を祓うことはできなかったと思います。

そのほか、霊媒体質の方も、餓鬼に寄ってこられます。私がそうであるように、霊媒体質は持って生まれたものです。自分が後天的な霊媒体質だと思う方は、自己暗示をかけていないか、過去に霊能者にそう言われて思い込んでいないか、よく確認してみることです。

体調がすっかりよくなった男性は、帰り支度を始めた私と一緒にしっかりした足取りで玄関まで出て、「最寄りの駅までクルマで送るよ」と微笑んでガレージに向かいました。私は見送りに出た奥様と顔を見合わせて、「ちゃんと運転できるかな」と苦笑い。一抹の不安がありましたが、安全運転で到着。ほんの2〜3時間で劇的な変化を見せてくれました。

縁

前述のケースは、九字を切って餓鬼を祓えたからよかったようなもの。もし私と連絡がつかなかったり、私が忙しくてお宅に伺えなかったら、彼は外科手術で心臓になんらかの処置をしたはずです。体力的に見て非常にリスクが高く、命の保証はあってないようなもので、最悪の場合は死に至ったでしょう。

そういう意味で言うと、縁があったとしか思えません。私と彼の時間がちょうど合ったから、命をつなぎ止められたとも言えます。縁によって、寿命や死期が変わることがあるということです。

私について書かれた本を買った読者から出版社に、「どうしても会いたいから連絡先を教えてほしい」という電話や、たくさんの手紙、葉書が来ています。民放のキー局からも番組出演の依頼が来ました。

私の仕事は〝裏〟ですることです。ホームページを開設したり、電話番号を記載したりといった案内はしていません。私を本当に必要としている方とは、それでもちゃんと会えます。

つい最近のこと、ひとりの女性がどうしても視てほしいと鴻里三寳大荒神社に来ました。私は大祭の用意で忙しく、また、事前に連絡がなかったこともあって丁寧《ていねい》にお断りしました。「そこをなんとか」と一心に訴えてきます。本当に対応できない状況でしたので首を縦に振らないでいると、「なにかお手伝いさせてください」とボランティアを申し出て、頼まないうちから動きはじめました。

ここまで熱心にされると、さすがに心に響きます。ひと段落した空き時間に視て、アドバイスをしました。お金をいただくほどのことではありませんでしたが、彼女は満足して安心した様子。これが縁です。

一方で、東京の事務所に相談に訪れた男性は、ドアを開けて初見《しょけん》した瞬間に〈うわぁ〉と思うほど覇気がなく、幽霊みたいな風貌。パッと霊視すると風俗関係の方で、見た目は若いのですが、肌つやを見ると自称52歳という年齢どおりで、ホストとしては盛りを過ぎていました。仕事仲間に騙され、友だちもいない孤独なおじさんで、対人関係がうまくいかないのは、なにかに憑かれているのが原因ではないかという相談です。

私は、彼がうまくいかないのはそのレベルではなく、もっと前段階だと感じ、内面的なこと、具体的には性格であったり、心の持ちようであったりを指摘しました。すると図星だったようで、最後は泣いていました。

「今度は高知に来なさいね」

そう言って送り出しましたが、彼は現れませんでした。縁をつながない選択をしたわけです。

人生には、本当にいろんな分岐点があります。そこで右の道か左の道かをよく考えたすえに決断し、不安はありますが納得したうえで歩きはじめます。でも、実はその道は、自分で決断した道のようでいて、初めから決められている道です。

私は、霊視者として生きるために産まれてきたようで、すべての分かれ道において、右を選ぼうが左を選ぼうが、この道に入るようになっていました。霊能者への一本道から逸《そ》れそうになると、どんなに自分がしたいことであっても、その道はことごとく閉ざされました。必ず邪魔が入ります。

私の場合は極端かもしれませんが、もしも人が、自分が生まれる前から決まっている道を変えられるとすれば、それは出会い、強力な縁の力です。

人の一生は、一つひとつの出会いや縁の積み重ねが、結果として大きな違いを生むのだと思います。

家相

福岡に住む男性からの依頼は、原因不明の顔の痛みは「霊障ではないか？」というもの。発症してから数十年、どの病院で診《み》てもらっても治らず、ガンマ線治療で一時的に小康状態になったものの、いまは、

「言葉で表現できないくらい痛い。顔面神経痛とか、そんなレベルのつらさじゃないんです」

と苦しみを訴えます。

現地に行く時間が取れなかったため遠隔で霊視したところ、パッと頭に入ってきたのは、男性が所有する大きな家を外から視た映像。地方の田舎でよく見かける純和風の一軒家です。

「両親が建てた家を相続したが、住んではいない。仏壇を置いてあるので毎日来るが、普

段は近くのマンションに住んでいる」

と言います。

私は立派な玄関から家のなかに入りました。真っ直ぐな廊下が奥の和室まで続いています。襖《ふすま》を開けると、そこが仏間で仏壇がありました。

玄関から見て正面に仏壇を置くのはよくありません。

〈でも、それだけが理由でひどい痛みに見舞われているとは、思えへんしな……〉

私は次のビジョンを待ちました。と、その仏間の真下あたりになにかあります。地中に埋もれている祠が視えました。

〈これはあかんわ！〉

男性は、

「それは初めて聞いた。そんなこと、親からも言われたことがない」

と驚きます。新築当時のことは子供だったために覚えておらず、この土地が元々どんな場所だったかを知りません。

私はまず、仏壇をマンションに持っていくことを提案し、家の下の祠については、判断を男性に任せました。畳を上げ、床板を外して床下に入り、祠を掘り起こす大仕事になり費用もかかります。それで顔の痛みが消えると信じるかどうかは彼次第です。

家を建てるにしろ、部屋を借りるにしろ、その土地のことを調べるのは本当に大切です。たとえば、元沼地や水はけが悪い場所、地下水が流れているようなところに家を建てると、湿気に悩まされたり、知らず知らずのうちに体が冷えたりします。何十年も住めば体調が悪くなってもおかしくありません。不動産業者は知っていても教えてくれないことがありますので、古くから地域に住む人に訊いてまわるといいでしょう。

霊道が通っている可能性も考える必要があります。ほとんどの方には関係ありませんが、敏感な方はラップ音などに悩まされることがないように、事前に霊能者に視てもらうといいでしょう。私の場合は結界を張って霊道を塞《ふさ》ぎます。

家相というのは、こういった根本的な部分がちゃんとしていることが第一で、間取り、家具の配置、色といった表面的な部分は〝化粧〟だと思ってください。家の吉凶は土台で決まります。

最後の砦

コロナ禍では対面でのセッションがしにくかったため、よくZOOMを使っていました。相談者が目の前にいなくても霊視はできます。遠隔除霊もできます。

その男性は、スマホの画面を通して数分、話を聞いただけで、ものすごく頭がいいことがわかりました。聞くとお兄さんは京都大学を出ているとのこと。それに引き換え自分は、親がやっている割烹《かっぽう》料理屋のあとを継ぐ予定で修行に出たが、厳しさについていけず、対人関係もうまく築けないため、どこの店でも長続きしなかった。いまは無職で自宅におり、父親はあきらめて自分の代で店を畳むと言いはじめている。セッションを受けようと思ったのは、母親が自宅近くにあるお寺でずっと護摩焚《ごまだ》き祈願をしている関係で梨岡先生のことを知っており、「視てもらいなさい」とお金を貸してくれたからだそうです。

「なんの取り柄もなく、36歳にもなって引きこもりをしているなんて、どうして自分はこうなってしまったのか？　先祖の因縁、霊障ではないか？」

という相談です。

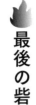

1時間のセッションのうち、この時点で30分が過ぎていました。

私は、その人に霊障がある場合はパッと視たときに〈あれ？〉と感じますし、なかなか姿を現さなくても、多くの場合、30分もしたら障っている霊が現れます。動物霊の尻尾が視えたりするのです。

彼は霊障ではありません。アスペルガーなのかなと思いました。「もしかしてお父さんかお母さん、どちらかにアスペルガーのような感じはないですか」と訊くと、「あ、そういえば母が……」と言いよどみました。

遺伝と考えて間違いないでしょう。霊障ではなくDNAの問題です。京大を出ているお兄さんも、人嫌いでこだわりが強いそうです。

彼は私の説明を聞いて、「では、母がお寺さんにお願いしているのは無駄ですね」と言いました。私は、「死に銭を使っているようなものですよ」と伝えました。遺伝であれば、どんなにお金を使っても解決にはつながりません。

これは、長年かけてわかったことです。私の除霊は昔から（私の性格と同じで）100%か0%の結果になります。効く人にはスパンと効くし、効かない人には一切効きません。「ちょっと楽になりました」とか「半分くらい治りました」と言ってくれる方は皆無。なぜなんだろうとずっと疑問を抱いていました。

謎が解けたのは、いまは一般社団法人リュッケ代表となった大竹先生から発達障害などについてのレクチャーを受けたときです。〈全く効かない人は、そちらの人たちだったのか〉と腑《ふ》に落ちました。

しかし、私が活動しているこの界隈《かいわい》では、「それは因縁」という言葉がまかり通っています。因縁があるからいまの苦しみがあり、その苦しみから解放されるには先祖供養するしかないと言いくるめます。

私は、その因縁の具体的な内容を話さずに供養ばかりを勧めるのは逃げ口上だと思います。ただの商売。相談者が供養に使ったお金は無駄銭になりかねません。

そんな話を彼としながら、1時間のセッションが終わりに近づいてきました。

「僕のこの症状は、先祖の因縁、霊障じゃないんですね」

彼は念を押してきたので、

「だれがなんと言おうと断定できます。録音していいから、あとでお母さんに聴かせてあげて」

と伝えました。私は分析に次ぐ分析、検証のうえに検証を重ね、根拠を持って発言し、実績を積んでいまがあるため、言い切ることができます。

だから、何カ所もの神社やお寺を回り、何件もの病院に診てもらったすえにやってくる相談者にとっての〝最後の砦《とりで》〟でいられるのです。

女性教師

東北地方の中学と高校で教えている30代中盤の女性教師に、仙台駅構内で会いました。

彼女が言うには、その学校は生徒の質が悪く、親のクレームもひどく、もうやっていられないとのこと。馬鹿な生徒とレベルの低い親が、一緒になって学校をダメにしている、こんなくだらない人たちのために一所懸命に勉強して教師になったのではない、それなのに……。

「どうして私はこうなっているのでしょう。これはなにか因縁があるのでしょうか？」

という相談です。

挨拶もなく、名前も言わず、いきなり座ってふてくされながら話しはじめました。

霊障はありません。自律神経がおかしくなっているようです。

私は、梨岡家に嫁いだときのことを思い浮かべました。高校を卒業したばかりで全くの世間知らず。自分の常識と、梨岡家の常識には、とてつもなく大きな差がありました。

彼女もそうだと思います。大学を出て10年以上の教師歴はありますが、頭のなかは学生時代のまま。いまだ理想の教師像を描いて自身に課し、理想の生徒像を押しつけています。

子供を産んだことがなく、子育ての経験がないことも影響しているでしょう。

私は彼女に、自分の未熟さを棚に上げないこと、生徒や親ばかりが悪いと考えずになぜそうなっているのかを、まずは生徒ひとり一人と話し合って把握してあげて、と伝えました。私のように、母親と暮らせなかった生徒や、メンタルに問題を抱えた生徒など、それぞれに背景があって、そういう状況になっているのです。生徒の立場になってみることが、第一です。

「梨岡さん、それは私に説教しているんですか！」

彼女は目を剥きました。説教と取るかどうかはあなた次第、と伝えました。それより、あなたはだれのお陰で教師をやれているのか、生徒たちのお陰で生活できているのではないのか、そういうふうに考えられない人は如何なものか、そう言うと彼女は泣き出しました。

彼女は二十歳《はたち》そこそこで「先生、先生」と呼ばれるようになり、舞い上がってしまったのです。そのまま十数年、心が熟成されないまま35～36歳になって壁に直面し、右往左往しています。生徒の親御さんから叱責《しっせき》されるほどですから、教師仲間からの冷たい視線も感じているはずで、それでは自律神経も乱れるでしょう。

現実を直視することです。前々から見え隠れしていたのに見て見ぬふりをしていた問題に目を向けることです。そうしてこそ、解決の手段が見えてきます。

彼女に限らず、相談者の多くが私のアドバイスに、「そんなこと、自分にはできない」と拒絶反応を示します。自分の価値観をひっくり返さなければならず、これまでの自分を否定することになると考えるからでしょう。それではなにも好転しません。

私の場合で言えば、霊能者として、相談を受けはじめた当初は本当にビクビクしていました。一番多い墓の問題も、どう対処したらいいかわからないし、教えてくれる人もいません。でも、「イエス、できます！」と口にした瞬間から頭のなかでどうやったらできるのかという前向きな思考が始まることを知ったのです。

そして、大勢の方々が自分を見てくれていて、その人たちに教えを請《こ》えばいいということにも気づきました。そういう人たちと常日頃からコミュニケーションを取り、「なにかあったらお願いしますね」とここぞというときに頼むための準備をしておくことも覚えました。初めて会ってお願いするのではなく、肝心なときのために知り合いになっておくのです。そうしていくつかの難局を乗り切ってきました。

「わかりました。やってみます！」

そう声に出すことが大切です。

離婚相談

女性の離婚相談が増えてきました。ほとんどのケースで夫婦間に霊的な問題はなく、ごくごく一般的な主婦の相談になります。

大きく分けてふた通り、明らかにすぐ離婚したほうがいい女性と、別れないほうがいい女性がいます。

大半は後者ですので、「離婚してなんのメリットがあるの？」と私自身の経験を紹介しつつ、本心・本意を確認していきます。30代の若奥様も、40代のマダムも、これからなにかを身につけて、その収入でひとり暮らしをしていくのは、想像以上に大変だからです。和歌山から来た50代の相談者も、離婚しないほうがいいタイプでした。霊障もなにもありません。

〈気づかせてあげようかな〉

私は彼女の話が途切れたところで言いました。

「この1時間のセッションの料金や、事務所がある東京まで来る交通費は、旦那さんが稼いできたお金から生活費をもらい、そのヘソクリで捻出したのではないですか？　家のローンも子供の学費も、全部出してくれているから、生活の心配がないでしょ？　あなたがこうしてどこに出掛けようと、なにも言わないんじゃない？　料理も文句一つ言わずに食べてくれるのではないかしら？　そんなビッグベイビーみたいな旦那さん、ありがたいわよ。いざとなれば頼れるし。旦那さんを排除するのではなく、家にいる旦那さんのいいところを見ることですよ！」

彼女は、

「そんな見方したことなかった」

と鳩が豆鉄砲を食らったような目をしました。

霊視によれば、ご主人は片腕に義手をはめた身体障害者です。マイカーは持っていませんが、クルマは大好きで、運転もできます。私は、

「レンタカーを借りて買い物に行ったり、遠出をすればいい」

と提案しました。障害者手帳を使えば、いろいろな割引きもあります。

「お宅は自営業だから時間の都合がつくでしょ？

ドライブがてら道の駅巡りをしたらどう？

趣味を持って、生き甲斐を持って、健康に生きないと。

離婚した途端に私みたいに子宮体がんや膵臓がんになったら、医者代とか払えるの？

もう、あなたはホント幸せボケよ。

どうしてあえて茨の道を歩こうとするのよ」

1時間のセッションが終わるころには笑って、一番笑っているのは私で、帰るときは皆さん来たときとは真逆の明るい表情。

霊視と、29年間の畳の上の修行、このふたつの相乗効果で人生相談も好評です。

あとがき

ここまで読んでくださった読者の皆さまに、心より感謝申し上げます。本当にありがとうございます。

この本で一番言いたかったことの一つに、「宿命は変えられないけど、運命は変えられる」という私の経験則があります。親がいない、婚家が厳しい、神霊・祖霊が視えてしまう……こういった変えられない宿命のなかでも、その受け止め方、消化のし方によって、人生はいかようにもできるのです。その、運命を変える方法の一つが、神様・仏様、そして先祖と正しく接することだと思っています。

父が自死した33歳のときは、納得するまでに2年が必要でした。

捨てられたと一時は恨んだ母が亡くなった40歳のときは、父の死よりも早く受け入れられるかなと思いましたが、それから20年近くかかりました。59歳になって位牌を作る気持ちに変わり、心のなかでようやく和解ができました。

梨岡家の義父は、私が離婚した2カ月後に亡くなりました。私を嫁として、社会人として、ちゃんと育ててくれました。昨年旅立った義母は、じゃじゃ馬娘だった私を躾てくれて、孫もとても可愛がってくれました。

小銀おばあちゃん、正信おじいちゃんら、アクの強い大人たちが、私の価値観をどんどんアップグレードしてくれました。

もがき苦しみながら全力疾走しているときは気づけません。でも、いま半生を振り返れば、変わらない宿命のもとでも考え方と出会いによって、人はだれしも自分がなりたい人間になれるのです。

もうひとりの梨岡京美——40代後半から始まった霊能者としての第二の人生は、守護霊とも言える3名の男の神様、「白翁《しろがね》」「幸烝《こうのじょう》」「尊師《そんし》」に教えていただきながらの毎日です。

白翁さんからは神事などについて。

幸烝さんからは修験などについて。

位《くらい》が一番高い尊師さんからは仏事などについて。

幸烝さんと尊師さんは、白翁さんがやってきたあと、程なくして現れました。

神職と併行して霊能者としての勉強も続けながら、いつまでも皆さんの人生に役立つ存在でありたいと思っています。

最後に、本書の執筆に約1年のあいだ伴走してくれた保川敏克さんに感謝します。皆さんに喜んでいただける本をまた作りましょう。

できたら報告しますね。

◉梨岡京美（なしおか きょうみ）

1964年7月、大阪市で池内家の長女として生まれる。

2歳で父親の故郷・高知県に引っ越し、3歳で大阪市に戻るも、6歳の小学校入学時に再び父親の実家に移転、祖父母に育てられる。

このとき霊能力が顔をのぞかす。

高校卒業と同時に結婚して19歳で出産、3児の母として子育てに奮闘しながら、養豚業を営む夫の生家の大家族の家事も切り盛りする。

高まる一方の霊能力を22歳で封印するも完全には消えず、40歳で本格的に開花、46歳で東京での活動をスタート、47歳で離婚と同時に世田谷区に事務所を開設、評判を呼ぶ。

52歳で高知・鴻里三寳大荒神社の代表に就き、霊能者としての東京と行き来する生活を始める。

すでに、当代屈指の霊能者としての評価は定まり、歴史的なレベルにあるという声も聞かれる。

本書は初の書き下ろし作品。

お便りは下記まで
〒781-6410　高知県安芸郡田野町4699イ中野　sanpodaikojin@gmail.com

霊視でわかった
神様・ご先祖様との正しい付き合い方

2024年3月31日　初版第1刷発行

著　者　梨岡京美
発　行　フォルドリバー
発行／発売　株式会社ごま書房新社
〒167-0051
東京都杉並区荻窪4丁目32-3 AKオギクボビル201
TEL：03-6910-0481
FAX：03-6910-0482
https://gomashobo.com/

印刷・製本　精文堂印刷株式会社

ISBN978-4-341-08854-5